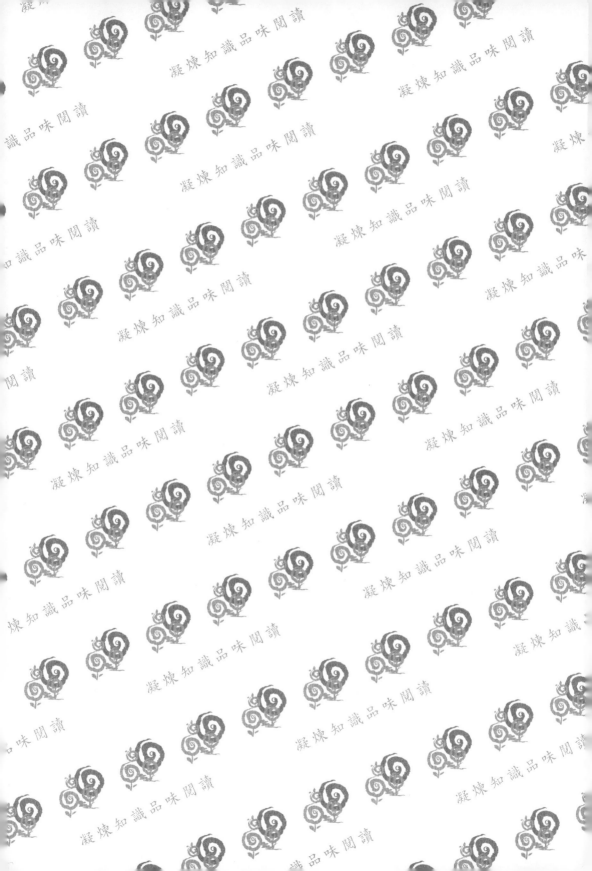

休閒與流行文化

五南圖書出版公司 印行

楊知義 著

序

　　與自己同類的人相處是讓人長久快樂的來源，快樂沒有不勞而獲的，只要享受和家人、朋友相聚的時光，減少工作量，就會感到快樂，這就是我們所謂的「休閒」，簡單的休閒往往是最愉悅的快樂。有些逸樂之事，如性愛、美食或毒品之類，沉迷過度常會使人上癮，但我們縱情歡樂後內心常浮起一絲絲罪惡感，這是人類與生俱來的生理煞車機制，警惕當事者該參加一些正當的休閒活動了，也就是本書內容分享的個人與群體休閒。

　　流行文化是當代社會的潮流，有如休閒，帶給社會群體共享的歡樂，雖然有時不具建設性，得到的是負面的體驗。但凡事有利就有弊，就像本書所述，面對多變的社會萬象，因應以不變的快樂生活原理，追求人生的幸福就至為簡易。

　　本書的完成要感謝已在天國的爸爸與媽媽，慈愛總在冥冥中顯現，讓我勇敢的在人生之旅邁開大步前行，繼續奮鬥。人生何其有幸，對於內人敏惠與兩個女兒，謝謝她們在家庭生活中無盡的奉獻，鼓舞我有持續執筆的力量，與時俱進，源源不絕。

楊知義 謹識
銘傳大學通識教育中心
中華民國一百一十一年五月

導讀

　　本課程使用的教材共十四章，分為「休閒」與「當代流行文化」兩個部分。休閒部分的講授章節再細分為遊戲（play）、休閒（leisure）、遊樂（recreation）與娛樂（entertainment）等四種類型的休憩活動，最主要的目的是讓同學們嫻熟於休閒之觀念與應用，最終達成「學以致用」的人生願景；當代流行文化部分的內容，再進一步分享我們日常生活中屬於食、衣與飽暖後參與的熱門育樂類活動之潮流層面，主要的目的是讓同學們熟稔人類社會的生活百態及個人在生涯中面對遭遇的因應之道。

　　課程中在博弈娛樂的章節中有實作體驗部分，項目包括樂透彩券的臺灣彩券公司之博彩商品——賓果賓果電腦型彩券遊戲（Bingo Bingo），博弈娛樂大廳（casinos）的21點（Blackjack）與百家樂（baccarat）桌上型遊戲，內容淺顯易懂，除了可以幫助同學們在遊戲中學習（learning by gaming）外並因實務操作之經驗，獲得另一項在國際職場上高薪就業的選擇機會。

CONTENTS
目 錄

序 (3)

導讀 (4)

| 第一章 | 休閒遊憩與流行文化 | 001 |

第一節　個人、群體與休閒及社會與流行文化　001

第二節　工作與休閒vs.主流與流行文化　007

第三節　流行文化與快樂體驗　009

第二章　休閒遊憩與人生　019

第一節　休閒遊憩之定義、概念及發展之沿革　019

第二節　休閒遊憩與人生　023

第三節　休閒遊憩與社會　029

第三章　休閒遊憩資源、供應業者及組織：臺灣與美國兩地概觀　037

第一節　美國的休閒遊憩資源、供應業者及組織　037

第二節　臺灣地區的公民營休憩資源與管理單位　055

第三節　休憩資源的應用實務　062

第四章　主題遊樂園：美國奧蘭多迪士尼世界渡假村　065

第一節　主題遊樂園的概念與發展沿革（The concept & history of theme parks）　065

第二節　主題樂園的專業知識與營運管理　075

第三節　迪士尼世界渡假村（Disneyworld Resorts）主題景
點（Theme Parks）介紹　　079

第五章　**社群網站遊戲基地與網路線上遊戲**　083
第一節　Facebook社交（群）網站　　083
第二節　社群網站流行元素　　089
第三節　休閒元素在商業或社群網站之角色與價值　　092
第四節　線上遊戲概觀　　095

第六章　**樂透彩票（券）概述（基諾遊戲實務）**　099
第一節　樂透彩票的發展沿革　　099
第二節　樂透彩券（票）的介紹　　107
第三節　臺灣彩券行之投資與經營管理　　116
第四節　公益彩券發行之前景　　120

第七章　**博弈娛樂場遊戲：21點與百家樂實作**　125
第一節　博弈娛樂場（casinos）大廳內的遊戲（games）　125
第二節　博弈娛樂場內桌上型遊戲：21點與百家樂　　132

第八章　**樂活休憩：森林遊樂（forest recreation）**　147
第一節　森林區（forest areas）自然資源的類型（types）與
價值（values）　　147
第二節　森林遊樂在森林資源多目標利用中的角色　　152
第三節　森林遊樂區的遊樂資源開發與遊客管理之沿革　155
第四節　森林遊樂區的管理人員工作執行與服務態度　　159

第五節　樂活（LOHAS）保健概念森林遊樂活動與設施　161

第九章　**樂活休憩：生態旅遊（eco-tourism）**　169
第一節　生態旅遊之定義與概念　169
第二節　生態旅遊之經營原則與開發之設施　173
第三節　樂活（LOHAS）概念生態旅遊活動與設施　177
第四節　林務局森林生態旅遊之推廣行動　179

第十章　**飲食（food & beverage）流行文化**　183
第一節　金莎巧克力與彼得羅・費列羅（Pietro Ferrero）的
　　　　傳奇　193
第二節　巧克力在人類社會的發展概觀　194
第三節　珍饈佳餚與美味飲品　201

第十一章　**衣著（dress matters）流行文化**　207
第一節　主流服飾概述　207
第二節　流行服飾概述　217
第三節　衣著價值延伸與職場面試的準備　220

第十二章　**情色（eroticism）流行文化**　227
第一節　情色文化與色情流行文化　227
第二節　歐美國家的情色文化　231
第三節　中國古代傳統的情色文化與色情流行文化　233
第四節　情色文化在休閒領域之經濟規模　236

第十三章　上癮（addiction）流行文化　245

第一節　毒癮與毒品（prohibited drugs）　245

第二節　毒品對個人的危害　255

第三節　參與休閒活動避免染上毒癮　259

第十四章　觀展（fair & exposition）流行文化　261

第一節　會展（MICE）產業介紹　261

第二節　世界（萬國）博覽會的故事　264

第三節　臺灣的國際級展覽會　276

參考文獻　279

第一章 休閒遊憩與流行文化

Chapter 1　Leisure, Recreation and Popular Culture

學習重點

➢ 認識流行文化之定義及概念。

➢ 知道兩則現實世界休閒創新與創造流行之真實故事。

➢ 熟悉娛樂（休閒體驗）與商品暢銷流行之關係。

➢ 了解娛樂在建立品牌與促銷商品方面之功效。

第一節　個人、群體與休閒及社會與流行文化

人類個體需要（human needs）的休閒有三種類型：遊戲（play）、休閒（leisure）與遊樂／遊憩（recreation）。個人藉遊戲活動而能生存與生長，個人藉休閒體驗而能生活並有了生命過程，個人藉遊憩活動而能得到生活與生命的成長。個人為了有更好的生活而群聚形成了社會群體，群體因為共同生活而發展出了人類社會文化系統，社會群體中新潮（creative & popular）的休閒因為具有樂趣成分（pleasurable），甚易搏得眾人的喜愛，有的在很短時間內就形成為流行文化。

簡而言之，人類社會群體生活下的有形或無形產品就是文化的內容，匯聚成主流的變成為古典或經典文化（traditional or classic culture），符合時尚潮流（fashionable）的便成為流行文化（popular culture）。

一、流行文化之概念及定義

流行文化（popular culture）這個詞彙的使用始於十九世紀，當初的意思是下層社會群眾的文化養成，在現代社會中泛指盛行的時尚文化、通俗文化與大眾文化，被我們歸為非主流文化的原因是在於其相對地屬於人類社會較不重要的部分。

流行文化（popular culture）詞彙意義，可追溯到第二次世界大戰後的美國社會，意味著大眾分享的文化（culture for mass consumption），字詞的演變則是從二十世紀六〇年代的流行文化（pop culture）概念而來。

一些被主流社會忽略的事物，當受到小部分人的強烈關注後，有可能漸漸形成為流行文化，流行文化依據「物競天擇，適者生存」的法則在當時社會上散布，受歡迎的文化產物則生存下來。

流行文化的形成主因大眾媒體之推波助瀾，將深植於社會日常生活中的一些理念或理想蒐羅而成（collection of ideas），現代社會大眾影響傳媒，而傳媒再影響大眾，因此流行文化是不斷更新並成長的。

二十一世紀完整的觀念定義：流行文化是從全球之文化主流（global mainstream of culture）所萌發出的展望、態度、模擬、意象及其他現象（perspectives, attitudes, memes, images and other phenomena）等一般性的共識（informal consensus）。

二、主流與流行文化

工作與休閒是個人日常生活的主要成分，工作是為了延續生命中的生活，休閒則為了延續生活中的生命。

主流與流行文化是群體日常生活的主要成分，主流文化是推動人類社會文化系統的力量，流行文化則是推動人類社會科技文明的力量。故休閒與流行文化跟個人生命與社會群體科技文明間息息相關，茲舉現實社會中流行文化與休閒生活相互更迭發展的實例說明如下：

(一)流行文化源於休閒活動：

1. 社群KTV的新創問世

(1)休閒活動元素：日本卡拉OK[1]、美國MTV[2]與臺灣版MTV[3]。

---

[1] 卡拉OK的名字源自於日文，其中卡拉（カラ／勺兒）是「空」（空無）之意，OK（オケ）則是管弦樂團（オーケストラ）的簡稱，合起來意指唱歌時沒有樂隊伴唱，只有影音伴唱。

[2] 音樂電視網（Music Television，MTV）是一個原本專門播放音樂錄影帶，尤其是搖滾樂的有線電視網。

[3] 臺灣衍生出MTV（Movie Television）從播放卡匣式錄影帶開始到影音光碟（CD），顯示器皆為TV。

(2)流行文化形成：唱歌青年創造包廂唱歌時代，形成臺灣青年們自創的KTV。

(3)KTV發展沿革：臺灣青年將卡拉OK結合當時美國非常流行的MTV，並應用本土MTV隱私隔間的設計改良成包廂型態的卡拉OK，又稱爲KTV。其中的創新爲KTV的科技升級（電腦選歌與數位化）與MTV的休閒升級（唱歌與餐飲套裝式的商品服務）。在臺灣新生的KTV再傳回日本本土後，因爲具有隱私性，也逐漸受到一般大眾的歡迎，稱爲「卡拉OK盒子」（カラオケボックス）（圖1-1）。

圖1-1　經營卡拉OK的商家與大廳
圖片來源：作者在日本大阪市拍攝。

2. 二代版KTV的新生：

(1)科技文明的力量：電腦科技應用幫助KTV包廂內選歌自動化。

(2)休閒科學的應用：臺灣幾個富家子弟留學美國，從全美學費最昂貴的華盛頓大學電腦（電子計算機）學系學得電子科技新知，將之應用在電腦自動點歌選曲上，創造了好樂迪KTV（Holiday KTV）[4]崛

4　1993年在臺北民生東路開設第一家門市，是臺灣第一家採用電腦系統點歌播放的KTV公司。

起的故事。

　　早期KTV點同一首歌曲要排隊等（人工播放），熱門流行歌曲的輪替流程需候時長久，降低了唱歌的興致。學成歸國的幾位富家子玩家團隊運用電腦知識幫助唱歌包廂內的選歌自動化，帶動了KTV唱歌的流行，這群人藉著技術移轉與購併的商業手段成功的整合了國內平價KTV市場。

　　接著，好樂迪KTV在成功的壟斷了唱歌平價市場後，企圖挑戰高價位市場的龍頭「錢櫃KTV」（Cashbox），透過美國校友高雄應用科技大學的劉修祥教授介紹，前往銘傳大學桃園校區觀光事業學系取經，運用取自於該系教授的簡報內容，創造「五感休閒體驗」[5]的專業知識，也就是以餐飲的美味爲（沙拉吧buffet）視聽的唱歌助興，立刻在激烈競爭的商場佔了上風（圖1-2）。

圖1-2　好樂迪KTV包廂內的情境（setting）設備
圖片來源：好樂迪KTV行銷DM。

---

[5]　1998年好樂迪總經理特助群赴銘傳大學桃園校區觀光事業學系取經，聽取楊知義博士特地進行的「五感體驗KTV」簡報。

(二)群體休閒引領流行文化

1. 人性的本質：好逸惡勞（輕便）、遊手好閒（享樂）與喜新厭舊（新歡）。

2. 科技的發展：不斷地滿足人類的需求（休閒樂趣體驗），讓大眾的生活日臻文明。

3. 人性本質導引科技並創造流行：「科技始終來自於人性」是芬蘭諾基亞（Nokia）行動電話[6]早期的廣告，意思是說人性的本質導引科技的發展，1979年7月，日本新力／索尼公司（Sony）推出了隨身聽產品——Walkman，中文的「隨身聽」名稱即是由英文「Walkman」而來。總裁盛田昭夫[7]將Walkman定位在青少年市場，並且強調年輕活力與時尚，創造了立體聲攜帶式耳機文化。後來引發美國蘋果公司設計和銷售攜帶型多功能數位多媒體播放器iPod，並生產一種輕便的電腦——iPad，則是定位成平板電腦，這段滿足人性中喜愛輕便的需求導致近代智慧型手機i phone的誕生，其中複合了隨身聽、行動電話、筆記型電腦的科技。所以說「科技始終來自於人性」的廣告，所言不虛，但是人性的本質是什麼呢？「好逸惡勞、遊手好閒、貪圖享樂、喜新厭舊」，然也。也就是說一般消費者絕大多數是偏愛「方便、舒適與新奇好玩」的軟硬體（件）設計（圖1-3、1-4）。

然而是否「人性始終來自於休閒」，也就是說人性喜好的本質，始終導引科技商品的流行。「食」與「色」皆是人性也，喜新厭舊、好逸惡勞、好吃好色則是人性的本質，也只是因為有這樣的本質，人類的生命才會因追求食與色而綿延不絕，人類社會才會因追求創新而不斷地進步。

因為人性喜新厭舊，商品也就有生命週期，商家藉著「新瓶裝舊酒」手法，推陳出新，就有商機，即使是「換湯不換藥」，也可暫緩商品下架

6　諾基亞公司是一家總部位於芬蘭埃斯波，主要從事生產行動通訊裝置和服務的跨國公司，曾經是手機市場龍頭，於2000年輝煌時期市值近2,500億美元，僅次於麥當勞及可口可樂。

7　日本著名企業家，索尼公司的共同創辦人，出生於愛知縣名古屋市，六〇年代創作《學歷無用論》。

圖1-3 「Walkman」隨身聽
圖片來源：楊知義、莊哲仁（2020）《休憩學概論》，p. 221。

圖1-4 諾基亞（Nokia）行動電話商品
圖片來源：楊知義、莊哲仁（2020）《休憩學概論》，p. 221。

的時間，因為人性喜好本質「好逸惡勞」，所以按鈕文化，全自動化設計，人工智慧的助理或機器人等科技文明皆由此衍生。

　　休閒也是人性，追求休閒的快樂體驗則是人性的本質，休閒靠不斷地創新製造個人的快樂體驗並獲得滿足，流行則是社會群體一窩蜂地追求創

新的休閒而成為文化潮流，我們統稱之為「流行文化」，故吾人亦可大膽的描述此種社會現象為「科技始終來自於人性」，「人性始終來自於休閒」（圖1-5）。

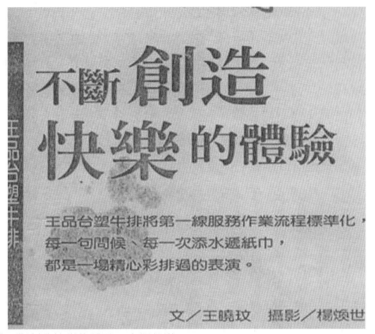

圖1-5　「不斷創造快樂的體驗」專欄報導
資料來源：《天下雜誌》336期，2005-12-01。

第二節　工作與休閒vs.主流與流行文化

一、工作與休閒

　　工作與休閒是個人日常生活的主要成分，工作是為了延續生命中的生活，休閒則為了延續生活中的生命。人類從農業社會時期的「日出而作、日入而息」從而有了工作與休閒的概念，隨著社會群體分工合作的演進，進而有了「士農工商」的分野，在進入工商社會後，科技與管理知識扮演物質文明的推手，古代封建社會的勵志語彙「業精於勤，荒於嬉」[8]、

8　出自韓愈〈進學解〉，學業會由於勤奮而精通，在嬉笑玩耍中荒廢。

「好學不倦」[9]等助人階級爬升的告誡訓誨,在現代知識體系中已不再是至理名言,「適度休閒」、「生活快樂」、「你快樂,所以你成功」反而成為人生中生命與生活的重要元素。

二、主流與流行文化

主流與流行文化是群體日常生活的主要成分,主流文化是推動人類社會文化系統綿延的力量,如宗教與儀式[10]、家庭與教育;流行文化則是推動人類社會科技文明的力量,如科學、經濟、媒體與電腦網路。

休閒與主流文化密切相關,在人類的歷史沿革中著墨甚深,如「封禪祭天[11]」、「詩詞歌賦」與「飲酒作樂」等。

休閒與流行文化跟個人生命與社會群體的科技文明息息相關,如「電動玩具」、手機「抓寶遊戲」(Pokemon GO[12])與各類型線上遊戲(games on-line)的盛行一時(圖1-6)。

圖1-6 戶外遊樂、休閒運動與抓寶遊戲(寶可夢AR)複合的套裝商品
圖片來源:楊知義、莊哲仁(2020)《休憩學概論》,p. 223。

---

9 出處《史記・楚世家》,意思是喜好學習而不知疲倦。
10 包括婚喪慶典與用餐衣著禮儀。
11 歷代自認功垂千秋之帝王多以封禪祭祀天皇伏羲,以更堅定玉璽所載既壽永昌,受命於天之願。
12 寶可夢是由Game Freak開發、任天堂與寶可夢公司發行的電子遊戲系列,為寶可夢跨媒體系列的一部分。

第三節　流行文化與快樂體驗

　　流行文化帶給當代社會群體快樂體驗，引發時代潮流，推動的力量來自「快樂」與「體驗」兩元素，故在商品中注（融）入或是套裝此兩種元素，有助於暢銷商品，詳述於下：

一、體驗與娛樂經濟學

(一)體驗經濟學（The Experience Economy）

　　體驗經濟是從生活與情境出發，塑造身體感官體驗及心理認同，以此抓住顧客的注意力（attention），吸引消費行為（approach）。體驗經濟是以服務作為舞臺，以商品塑造出生理五感刺激，使顧客融入其中產生體驗的意識感覺（六感）。由於服務經濟也在逐步商業化，人們的消費慾望難以得到完全的滿足，現代消費者會開始把注意力和金錢的支出方向轉移到能夠為其提供價值感的經濟形態，那就是體驗經濟。

　　1999年4月，美國哈佛商學院出版社出版了美國學者約瑟夫·派恩（B. Joseph Pine II）和詹姆斯·吉爾摩（James H. Gilmore）兩人合著的《體驗經濟時代》（The Experience Economy）一書，探討一些公司商品和服務沒有特色，因而陷入價格戰。書中提供的解決方案就是創造體驗經濟，也就是提供誘人的體驗，創造顧客的快樂感，因而表現亮眼——不僅帶來忠誠的顧客，還有更高的利潤，就是體驗經濟或我們簡要的說：「體驗經濟學」，最終成為開啟二十一世紀的商業經營寶典（圖1-7）。

(二)娛樂經濟學（近代的新生顯學）

　　《天下雜誌》發行的第336期（2005-12-01）其中一篇專題報導「不斷創造快樂的體驗」文中指出：以王品餐飲集團為例說明商品+服務+快樂體驗=商業利潤。其副標題為：聽起來簡單的第一線服務，背後有縝密嚴格的系統流程，不斷量產顧客的愉悅情緒。這一篇知名產業實例的期刊報導隱含著服務業成功的關鍵因素，也就是休閒的一類元素—娛樂可以成為商業利潤製造機，成就所謂的「娛樂經濟學」。

圖1-7　2010年暢銷書：《體驗經濟時代》
圖片來源：城邦讀書花園。

　　《娛樂經濟學》（The Entertainment Economy）[13] 作者Michael J. Wolf在書中指出：「消費者不管買什麼，都在追求產品中含有娛樂的成分（E-Factor）。」科技讓消費者有更多媒體娛樂產品可選擇，如果不走大製作、大成本、流行暢銷路線，就是走利基市場。

　　在娛樂消費導向的趨勢之下會有愈來愈多的商品與服務也提供娛樂的功能，或與娛樂活動做結合，廠商提供快樂經驗，快樂經驗創造出顧客對商品的美好感受，進而轉變成對品牌的長期忠誠。

　　因爲要提供快樂經驗，企業必須在產品與服務之產銷過程中添加娛樂成分，此娛樂成分可能是新奇的、獨特的、美麗的表徵，也可能是創造設計出的浪漫舒適的消費環境，這種經驗累積的效果，其強度可以增加購買慾望、影響消費者的決定（圖1-8）。

(三)娛樂元素之特性

　　娛樂成分最終的產品是轉化爲快樂的體驗，係在人類生理上刺激反應（S-R）的機制下運作，故刺激物的組成成分是要具有能引起快樂感之特

---

[13]　2003年由美國加州Three Rivers Press （CA）出版。

圖1-8　Michael J. Wolf著作《娛樂經濟學》
圖片來源：楊知義、莊哲仁（2020）《休憩學概論》，p. 226。

性。這些特性是人類生命傳承長期記憶下累積而成，諸如：在個體為「喜新厭舊」、「好逸惡勞」、性喜「賞心悅目」、「美味佳餚」；在群體為（基於社會交換理論）具有共通價值的抽象事（情）或物（質）。

1. 具快樂感商品之娛樂元素

　　糖在人類的歷史是令人難以抗拒的誘惑。人類利用糖作成「糖衣」產生美好的、正面的形象效果，如布灑糖霜或戴高帽（butter up）。人類也利用糖作成「甜心」產生複合的、多樣的、豐富的內容效果，如加甜美果物或款待客人以真情。人類也利用共通的價值感，如金與銀色、抽象的圖案（logo）與口號（slogan）、金飾與珠寶鑽石，甚至以線條作成「危險曲線」的形狀等事物產生美感效果（圖1-9）。

2. 「糖衣及甜心」之概念

　　(1)糖衣之概念：屬實質商品部分，是商品組合（product mix）最外圍之添加物，能開啟快樂體驗之「好的開始」，如：米淇淋級豪華套餐之開胃菜、酒，此與商品之包裝（非實質商品）不同，包裝是以「花俏」取勝，主要在吸引消費者的目光注意（創造吸睛的視覺刺

圖1-9　人類利用糖的甜蜜誘惑消費大眾

圖片來源：《國家地理雜誌中文版》，2014年2月號。

　　激）。

　　⑵甜心之概念：蘊涵在商品組合中核心部分之添加物，能為快樂體驗
　　　增加「高潮或亮點」（highlights），如：套餐主餐（main course）
　　　之佐餐酒、餐後甜點[14]，讓顧客產生最終價值判斷之決定性因素。

㈣商品中「娛樂元素」之實例包括：

1. 電腦軟體（windows）之程式：遊樂場：傷心小棧、踩地雷。

2. 傳統手機之應用程式：遊戲：銀河方塊、貪食蛇。

3. 智慧型手機之app平臺：下載遊戲：憤怒鳥、神來也麻將、candy crush
　　saga、明星三缺一。

4. Facebook之附掛程式：遊戲基地：開心農場、開心水族箱、德州撲
　　克、夢想城市、寵物社會、car city、 mall world、 CSI: crime city、
　　Restaurant city。

---

14 連鎖吃到飽餐廳包肥餐（buffet）中提供哈根達斯（Häagen-Dazs）品牌口感美味十足的冰淇淋也有此
　　效果。

5. 餐飲業：兒童遊戲間、團宴[15]之舞臺表演節目。

6. 住宿業：桌撞球娛樂與電動遊戲間、水療三溫暖與體適能間、現場演奏。

7. 複合式書城業：表演講座區、簡餐飲品區。

8. 機場城市：荷蘭史基浦（Schiphol）及德國法蘭克福（Frankfurt）機場內設置之博物館與博弈娛樂場區（圖1-10、1-11、1-12）。

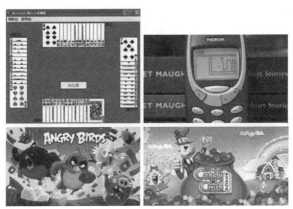

圖1-10　過時的電腦軟體及手機遊戲
圖片來源：楊知義、莊哲仁（2020）《休憩學概論》，p. 228。

圖1-11　Facebook主要利潤來源之一：附掛遊戲程式
圖片來源：左／《Cheers雜誌》109期。右／楊知義、莊哲仁（2020）《休憩學概論》，p. 228。

---

15 婚禮喜慶或辦桌飲宴。

圖1-12　荷蘭阿姆斯特丹史基浦（Schiphol）國際機場內
　　　　圖書館、博物館、兒童遊戲場與博弈娛樂場區（casino）
圖片來源：楊知義、莊哲仁（2020）《休憩學概論》，p. 228。

二、服務業之娛樂元素：休閒情境

㈠休閒情境（pleasure setting）之構成分爲兩個層面：

1. 營業場所實質環境（physical environment）：舒適的、輕鬆的、主題的與有趣的銷售環境。

2. 客服人員人際互動（interpersonal communication）：專業有禮的傳送服務過程。

㈡休閒的情境精心設計原則

1. 大型化：空間大，行動方便，顧客群體心情輕鬆，感覺舒適，沒有情境（settings）壓力。

2. 主題化：主題（themes）能引發群體生活的記憶，很容易觸發個人之內心感動（touching your heart）。

3. 複合化及多樣化：滿足休閒市場「五花八門」多樣之顧客需求及提供

感官知覺上的「五光十色」、「五顏六色」、「五彩繽紛」、「千奇百怪」與「千變萬化」之刺激。

4. 科技化：貼近現今人類社會生活之脈動，創新商品並引領時尚流行（圖1-13、1-14、1-15）。

圖1-13　大型化（MEGA）的購物商場提供更多樣的選擇
圖片來源：楊知義、莊哲仁（2020）《休憩學概論》，p. 229。

圖1-14　利用熱情服務「感動」與商品醒目顏色「觸動」消費者的內心
圖片來源：楊知義、莊哲仁（2020）《休憩學概論》，p. 230。

圖1-15　大型購物商場藉複合化多元招睞之商家製造五花八門與五光十色「亮點」滿足
　　　　消費市場需求

圖片來源：楊知義、莊哲仁（2020）《休憩學概論》，p. 230。

(三)休閒環/情境之實例

1. 紐約市曼哈頓57街之耐吉城（Nike Town）創造出一個不同時代鞋的世界及一種時空的生活型態。
2. 邦諾書店（Barnes & Noble）內加入娛樂休息室、討論團體/個人演講座談、咖啡廳。
3. 夏威夷茂宜島（Maui）「捕鯨人博物館及購物中心」（Whaler Village: Museum & Shopping Complex）以100個捕鯨作業展示（exhibits）串聯整個購物中心內的店鋪。
4. 臺北市內湖區的大型綜合購物商場「美麗華百樂園」（Miramar Entertainment Park）加入摩天輪（Ferry's wheel）與旋轉木馬（merry-go-round）等騎乘娛樂設施。

(四)休閒（含娛樂成分）的客服人際互動

　　包含兩方面服務流程：

1. 禮節（courtesy）與禮貌（polite attitude）：客服人員依據以客為尊[16]
   之原則提供服務。在禮節（courtesy）部分有：
   (1)常說P's and Q's（Please & Thank You）。
   (2)穿著制服。
   (3)謹守儀式（圖1-16）。

圖1-16　親切的顧客服務來自於常說「請」與「謝謝」
圖片來源：楊知義、莊哲仁（2020）《休憩學概論》，p. 231。

   在禮貌部分有：
   (1)常常露出笑容。
   (2)使用正面肢體語言（圖1-17）。
2. 專業（professionalism）與真誠（sincerity）：熟習標準作業程序、即
   時服務（the moment of truth）、與保持敬業態度。

---

[16] 中華航空公司曾有「相逢自是有緣，華航以客為尊」的廣告用語。

圖1-17　面露微笑、鞠躬、舉掌比手勢是正面肢體語言
圖片來源：楊知義、莊哲仁（2020）《休憩學概論》，p. 232。

問題及思考

1. 休閒與流行文化密切相關，原因為何？
2. 何謂體驗經濟學，讓商品滿足顧客體驗需要是獲利顯學嗎？
3. 何謂娛樂經濟學，商品附加價值是娛樂，顧客更願意買單嗎？
4. 常說P's與Q's是商品的服務要素，能提供顧客體驗與娛樂成分，原因為何？

第二章 休閒遊憩與人生

Chapter 2　Leisure and Recreation Enrichment for a Lifetime

學習重點
> 認識休閒、遊戲與遊憩之定義及概念。
> 知道人生之定義及概念。
> 瞭解休閒、遊戲、遊憩與人生之關係。
> 熟悉休閒、遊戲與遊憩創造之人生的價值鏈（life's value chain）。

第一節　休閒遊憩之定義、概念及發展之沿革

一、休閒（leisure）、遊戲（play）與遊憩（recreation）之等級（levels）及類型（types）概念（concepts）

(一)早期社會休閒之等級及類型概念

　　希臘哲學家亞里斯多德（Aristotle）[1] 提出「休閒」具有三個類型等級之概念，為：玩樂（amusement）、遊憩（recreation）、冥想（contemplation）[2]；冥想為其中最高等級之休閒，玩樂則為最低等級的休閒（圖2-1）。

---

[1] 古希臘哲學家，西方哲學的奠基者，柏拉圖的學生、亞歷山大皇帝的老師，曾經說過「物以類聚」的古諺語。
[2] 睜眼沉思或閉眼打坐的靜態行為。

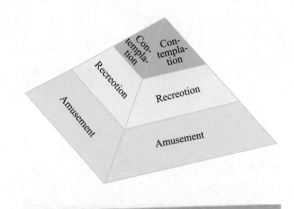

圖2-1 亞里斯多德（Aristotle）提出具有三等級之休閒類型概念
資料來源：Cordes, A. K. &Ibrahim, M. H. (2003) Applications in Recreation and Leisure: for Today and the Future. P. 2

十七世紀法國的哲學家勒內‧笛卡爾（René Descartes）曾有一句名言傳世，即「我思故我在」（I think though I am），也是詮釋意識（如冥想、思考甚或是做白日夢）對人類個體或群體來說，都很重要。事實上，美國哈佛大學醫學院史蒂高德博士（Robert Stickgold）的最新研究發現，學習過新知識以後小憩一下，有益於大腦記住新知，但前提是要有做夢現象，出現做夢可能是一項指標，等同於做白日夢的冥想。學者們認為，這種現象可以用來改善學生學習力及記憶力，也就是說課間學子們透過「度咕」一下，或許有益於獲得學習效果。

(二)中世紀休閒之等級及類型概念

十四世紀社會學之父阿拉伯人伊本‧赫勒敦（Khaldun, Ibn）提出人類慾望的赫勒敦層級理論（Khaldun's hierarchy of desires）。古諺語有云：「衣食足而知榮辱」、「飽暖思淫慾」及「飢寒起盜心」，其中也寓藏有人類「慾望等級」之意（圖2-2）。

図2-2 伊本‧赫勒敦提出人類慾望層級理論之概念
資料來源：作者整理繪製。

(三)現代社會休閒之等級及類型概念

　　亞伯拉罕‧馬斯洛（Maslow, H. A）[3]建立人類需要層級理論（The hierarchy of human needs）。將休閒進一步區分為遊戲（play）、休閒（leisure）與遊憩（recreation）等三種具有五個等（層）級及類型概念之休閒（圖2-3）。

二、休閒發展之沿革

(一)早期社會人類之休閒

1. 休閒是因文字發明後，衍生出描述人類行為的概念用詞。
2. 休閒的希臘字為schole，英文的school源於此字，有追求學問便是休閒之意。
3. 因為當時尚未有空閒時間元素匯入，故認為追求學理及做理念之事便是休閒。

3　美國心理學家，提出人類需要層級理論，認為先要滿足人類天生的生心理需要，最終才可達成個人自我實現的目標。

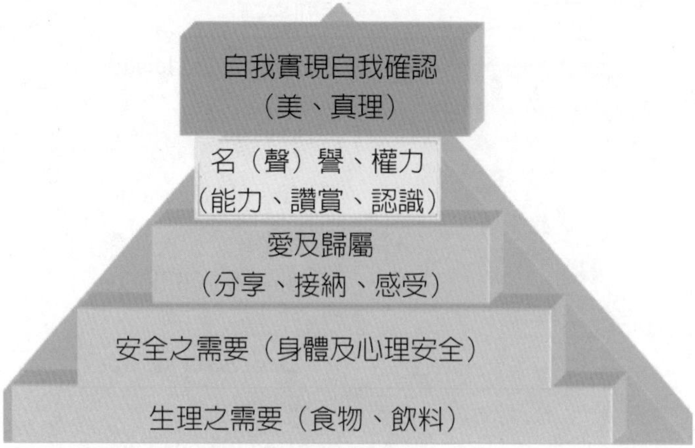

圖2-3　亞伯拉罕‧馬斯洛之人類需要層級理論概念
資料來源：作者整理繪製。

㈡封建社會期人類之休閒

1. 因為人類群居後產生部落制度，進而發展成封建制度[4]，社會中有了貴族與平民階層，王室貴族成了「有閒階級」（The leisure class）。
2. 有閒階級不需要花很多時間工作，其空閒時間就享受平民們吃喝服侍及表演娛樂。
3. 因為有了空閒時間及娛樂活動兩種元素，休閒之概念成為在空閒時間從事的享樂活動。

㈢現代社會人類之休閒

1. 封建制度打破後，民主、自由、工作與休閒成為社會文明的象徵，休閒成為人類生活中的流行文化。
2. 現代休閒的概念發展成：在空閒時間選擇參與自己理想的活動並享受樂趣的體驗，這就是休閒。

---

[4] 「封建」即「封邦建國」，即天子把土地分封給諸侯，諸侯再分封卿大夫，諸侯和卿大夫在自己的領地上有相當的自主權。分封是讓他們協助統治。

休閒與流行文化

第二節　休閒遊憩與人生

一、「人生」之概觀

(一)人生一詞包含兩個概念：

1. 一個人的生命週期（從出生到死亡）：人類的生命週期可分為兒童期、青少年期與成人期（青年、中年與老年）三個重要的發展階段。

2. 一個人的日常生活（食、衣、住、行、育、樂）：人生就是描述個人在其生命週期中各變化階段的生活情形，其中包括「生存」、「生長」與「成長」等三種階段性的改變。

(二)人類生命週期階段性的改變

1. 一個人的日常生活會隨時間序列之推移而發生不斷地變化，這些變化組合由生存、生長與成長的現象所建構。

2. 生存、生長與成長是源於個人在生理、心理、情感及社會性方面的變化。

3. 個人、家庭、社會群體與生活環境等動態因素在互動中形成「人類生態」（Human Ecology）。

二、休閒與人生的關係

　　休閒與人生的關係就是描寫休閒影響一個人的生活與生命的情形。簡而言之：休閒的刺激「作用」在一個人一生的食、衣、住、行、育及樂六個層面，反映並形成其人生的寫照。

　　「作用」意味著休閒會影響一個人之生理、心理、情感與社會性四個方面，讓其生活及生命過程產生改變。

三、休閒美化人生的基礎理論

(一)休閒滿足個人需要，個人滿意休閒體驗，也就是休閒提供滿足與滿意（match）的個人需要，個人從而獲得生活的快樂體驗。

(二)內含快樂成分的休閒具有來自於心生理「獎賞機制」的吸引力

（rewards），讓滿足的個人產生再嘗試動機（drives），經常參與休閒活動從而過著快樂的生活。

㈢ 感覺快樂是休閒的核心與最終產品，身體健康、體適能（physical fitness）、充滿自信（self-confidence）、樂觀進取與良好人緣皆是其副產品或衍生的附加價值（added values）。

㈣ 休閒體驗滿足人類的基本需要是個人生活產生幸福感的基礎，個人生活滿意進而民眾群體則容易得到發展的機會，此乃社會進步的指標（social progress index）。

四、休閒遊想與個人需要的關係

　　1954年亞伯拉罕・馬斯洛提出人類需要層級（The need hierarchy）理論，認為人類之需要共可分五個動態層級（由下向上依序自然產生之金字塔型），1～2級為生理需要，3～5級為心理需要。休閒可以滿足人類生心理的需要（needs），幫助個人追求生活或生命中的理想，是個人向上發展之主要動能。

㈠人類快樂之生理機制

　　這是一個人類生理上刺激反應的過程，因刺激資源的本質（五感或意識覺）而有等級上的類別，可以滿足（match）人類的需要層級。

1. 快樂之泉源：快樂的生成來自於人類腦皮質部邊緣系統（The limbic system）之樂趣區（the pleasure area）。

2. 快樂生成之神經傳導機制：休閒刺激透過人體感覺器官[5] 經神經傳導系統傳達至腦部皮質區接受器反應後，指揮身體分泌系統產生多巴胺（Dopamine）、腦內啡（Endorphins）、血清素（Serotonin）或催產素（Oxytocin）等正面荷爾蒙／激素（Hormone）[6] 溶入血液循環中，依其濃度在樂趣區產生不同程度的樂趣感／快樂感，讓我們感覺良

5　體外五種感官（視、聽、嗅、味、觸覺），體內肌肉、骨骼、關節、內臟器官及腦（思考刺激）。
6　具有激發人體生理反應的元素。

休閒與流行文化

好，而有了樂趣體驗。

3. 四種有助個人正面情緒的荷爾蒙／激素，多巴胺（歡樂元素）與腦內啡（止痛元素）屬於個人休閒可以生成的荷爾蒙，血清素（神清元素）與催產素（振奮元素）兩種荷爾蒙屬於群體休閒反應後生成之產物，四種荷爾蒙在人體血液中均衡存在，可以降低生活壓力過大造成高量分泌的皮質醇（Cortisol）[7]。

4. 人類個人或群體的休閒行為（leisure behavior）隨當時所處的情境（settings）而有不同程度的享樂（enjoy），而享樂會帶給參與者生心理的樂趣體驗（pleasure experience）。

㈡人類快樂之心理機制

1. 腦部邊緣系統（The limbic system）的樂趣區受到分泌激素刺激後產生不同程度反應，隨著血液激素濃度增高，在心理上得到快樂、興奮、成就、榮耀感的享樂。

2. 個人在生活中參與體驗某些自己有興趣或喜愛的（個人或群體）活動，身體器官會分泌生成DESO這四種激素，我們的大腦感覺會良好，心理上很舒適，因為腦部獎賞機制（reward system）[8]而誘發與驅使個人持續參與這些活動，成為休閒嗜好或偏愛的活動。

五、休閒遊憩滿足人類生命階段之需要，創造快樂人生

　　人生可分為三個發展階段：兒童階段（嬰兒期、學步期、學前與學齡期，零～十二歲）、青少年階段（十三～十六歲青少年前期與十七～二十歲青少年後期）、及成人階段，而成人期又分青年人時期（二十～四十歲）、中年人時期（四十～六十歲）與老年人時期（六十歲以上）。休閒遊憩可滿足人類生命發展各階段之需要，使個人獲得生存、生長與成長。說明如下：

---

[7] 糖皮質激素，在應付壓力中扮演重要角色，故又被稱為「壓力荷爾蒙」。
[8] 進行活化多巴胺的行為會提高多巴胺的濃度，於是獎賞路徑受到活化，等同於督促行為者重複剛才的行為，以再次感受到愉快的多巴胺獎賞。

(一)人生兒童期階段

1. 遊戲活化兒童腦部增加智商：

人類的腦部有140億個腦神經細胞，中樞神經的神經元[9]藉「突觸」（synapse）[10]傳導聯絡，形成神經元網路，突觸具可塑性，愈使用腦神經細胞，突觸會愈密合，則腦力愈發達，兒童就愈聰明，此稱為神經系統的發育、學習和適應過程。運動型遊戲（腦指揮肌肉、關節之反覆運作）與腦力型遊戲（理解、思考、判斷）是活化腦力之根本。

2. 遊戲幫助兒童健康快樂的成長：

遊戲過程中，兒童的行為能夠探索（exploration）、模仿（imitation）、預測（prediction）、分析（analysis）、合成（synthesis）與綜合評估（evaluation），自己、同伴或與小團體一起玩，可以幫助兒童健康快樂的成長（表2-1）。

表2-1　各年齡層兒童的遊戲行為能力的成長

年齡	階段	程度	遊戲程度	教學方法
一～五	自我中心	自己玩和同伴玩	探索、模仿	探索、解決問題
四～八	合作	同伴、小團體	模仿、預測分析、綜合	解決問題、發現
七～十二	競爭	小團體／隊	分析、綜合評估	解決問題、發現、命令

資料來源：作者自行整理。

3. 兒童期需要之遊戲機會（play opportunities）：玩具及玩樂物件（toys & playthings）、兒童遊戲場（playgrounds）、競賽遊戲（games）、運動（sports）。

(二)人生青少年期階段

1. 青少年發展階段之現象與需要：

青少年前期的現象為性器官成長、第二性徵出現、身體狀況成熟、具

---

[9] 神經元（neuron）又名神經細胞（nerve cell），是神經系統的結構與功能單位。
[10] 是中樞神經系統神經元之間的特異性接頭。突觸是和身體的其它部分，例如肌肉和各種感受器交換信息的通道。

生殖能力。青少年後期的現象為尚未脫離任性兒童期，但又未成長為自動自發的成人，需要建立自我意象（self-image）、自我識別（identity）及發展同異性關係（sex relationships）並避免角色混淆（role confusion），進而轉型為懂事的成人。

2. 青少年期遭遇之困擾與挑戰

(1)濫用藥物及菸酒：藉吸菸、喝酒、追求時髦或濫用藥物以逃避精神壓力。

(2)情感及性困擾：58%青少年不由自主的會感覺沮喪，有16%甚至想要自殺；只有1/3的家庭與青少年談及性及避孕話題。

(3)身體虛弱：1/3青少年很少或從不運動、以禁食來減肥或暴飲暴食導致身體機能不佳。

3. 青少年需要之休閒遊憩協助：

休閒遊憩提供青少年一個定位認知的空間與機會，可以成功的將個人與社會認知結合，幫助青少年穩定的成長，從兒童期過渡到成人期。青少年需要的休閒遊憩包括：

(1)青少年成長發展計畫（youth development programs）：青少年成長發展計畫用以滿足理性的需要，分活動及課程兩部分，活動包括社區青少年活動及與有愛心責任感成人接觸，課程包括人際關係、解決衝突及領導與溝通等（圖2-4）。

(2)青少年遊憩計畫（youth recreation programs）：青少年遊憩計畫用以滿足感性的需要，如探險型活動、運動類活動（青少年棒球隊、足球隊、籃球隊）、音樂及旅遊／行（圖2-5）。

(三)人生成人期階段

1. 成年階段之困擾及挑戰

(1)青年人時期：汽機車意外事故及愛滋病（AIDS）[11] 死因分居一、二

---

[11] 後天免疫缺乏症候群（acquired immune deficiency syndrome，縮寫為AIDS），是一種由人類免疫缺乏病毒（human immunodeficiency virus，縮寫為HIV）感染造成的疾病。

圖2-4　青少年成長發展計畫（child & youth development programs）
圖片來源：Abriendo Puertas in East Little Havana。

圖2-5　青少年遊憩計畫（youth recreation programs）
圖片來源：楊知義、莊哲仁（2020）《休憩學概論》，p. 47。

位，三十五歲以後，強健之肌肉骨骼逐漸衰老、免疫系統也變差。

(2)中年人時期：衰老伴隨著焦慮，狂亂的想保持青春、骨質疏鬆[12]、生理組織不靈活，產生中年危機（奉養年邁雙親、小孩上大學、失業、退休、空巢期）。

(3)老年人時期：武裝防衛、消極依賴、悲觀絕望。

2. 成年階段之個人需要

(1)青年人時期：減輕工作壓力、解決新職務之挑戰、尋找同儕認同及更親密的人際關係。

(2)中年人時期：減輕生理焦慮、經濟、及心靈上的壓力。

(3)老年人時期：體能與心智需要調適，退休生活重新規劃及休閒價值觀之建立。

3. 成年階段之休閒遊憩機會

(1)青年人時期：戶外活動、體育運動、視聽娛樂活動及環境保護活動。

(2)中年人時期：文化藝術活動、家庭旅遊、中年學習、運動旅遊及志工活動。

(3)老年人時期：居家型休閒、遊憩型運動、旅行、生活回憶分享活動（圖2-6）。

第三節　休閒遊憩與社會

一、休閒遊憩的價值鏈（value chain）

㈠個人的休閒生活

1. 休閒自古以來就是人類理想（ideals）的化身，所以個人追求理想之過程易獲得休閒的快樂體驗。

2. 休閒有三個向度（aspects）：空閒時間、自發性活動及自由的心理狀態（states of freedom）。所以想要休閒的要訣是安排在空閒時間內選

---

12 骨質疏鬆症是一種骨骼新陳代謝的病症，患者的骨質密度減少，骨骼結構變得脆弱，容易導致骨折，減低患者的自我照顧能力。

圖2-6　老年人時期（樂齡與銀髮族）的休閒遊憩機會
圖片來源：楊知義、莊哲仁（2020）《休憩學概論》，p. 48。

擇自己想要參與的活動，放鬆心情去享受過程。

3. 休閒遊憩可以協助我們做好情緒管理（Emotional Quotient）、培養創造力（Creativity Q.）、增進身體能力（Motion Q.）、智能成長（Intelligence Q.）等4Q's及「走出」生理與心理的憂鬱。

㈡家庭之休閒生活

1. 弭平父母與子女間代溝。
2. 維繫家庭的凝聚力。
3. 建立良好互動溝通的機會。
4. 培養青少年社交及分享能力。
5. 建立家庭之親情及感動。
6. 遊戲與休閒遊憩「走入」家庭，可以創造和樂融融的家庭關係，促進親人間感情。

㈢社會之群體休閒生活

1. 維繫家庭。
2. 奠定宗教及儀式之基礎。
3. 充實民生，建立服務型政府。
4. 富裕經濟與科技發展相輔相成。

5. 政府提供遊戲、休閒及遊憩活動計畫，可以增進社會群體間和諧、合作與和睦相處（圖2-7）。

圖2-7　社會群體參與的彩色路跑活動（color run）
圖片來源：運動筆記（2013/07/08）。

二、休閒遊憩原則

(一)獨享個人快樂

1. 儘量多使用五種（視、聽、嗅、味、觸覺）感官知覺接觸周遭有趣資源，樂活生活（LOHAS）。
2. 均衡參與靜態與動態休閒活動及官能、體能與智能型多元休閒。要身心健康，每個人生活中都需要這三類型休閒體驗，就像日常飲食均衡，身體才能保持良好狀況。
3. 培養興趣與夢想之喜好，利用空閒時間追求自選之理想活動，得到滿足感並產生再嘗試的動能。

(二)分享家庭休閒生活

1. 休閒機會：選擇適合家庭成員（以老、少年齡層做考量）之兒童遊戲或適意性遊憩活動（amenities）。
2. 參與類型：自家成員、家庭間聚會或社區型家庭參與的活動。

3. 活動時間：安排周間、家庭紀念日、短假期或長假期（holidays & vacations）（圖2-8）。

圖2-8　家庭成員分享的休閒生活
圖片來源：楊知義、莊哲仁（2020）《休憩學概論》，p. 50。

㈢享受社群的休閒人生

1. 選擇具建設性、尊榮與價值感之分享型休閒遊憩活動機會。
2. 與親戚、麻吉（match）好友、同事及商業夥伴們共同參與分享，因為有時一個人獨樂不如與眾同樂，大家聚在一起彼此互動，會產生更多的樂趣。
3. 安排周間、紀念日、節慶、短假期或長假期活動時間。

㈣休憩參與選擇因人而異

1. 每個人因為擁有天賦的性格，外在的刺激各有不同的樂趣感反應，所以都會造成其特有休閒嗜好與偏愛的遊憩活動，大自然的群體休閒法則是「物以類聚、人以群分」，選擇自己所好並努力追求，必然會有志同道合的朋友相隨。

2. 個人藉休閒行為而社會化並獲得友誼、愛情、生意、社會地位及歸屬感等社會利益。

3. 以休閒建立與他人不一樣的自我，以遊戲建立家庭的親密關係，以遊憩建立良好的社會關係，找出適合自己理想的休閒，快樂是充要條件，如此就可享受休閒與人生。

三、休閒遊憩個人參與及商業應用之道

(一)休閒遊憩個人參與

　　休閒遊憩體驗是物質及精神複合之最終產品，生活中隨手拈來，盡是休閒良方，有如「人生有味是清歡」一般，立可使用，舉例如下：

1. 品嚐新鮮美味佳餚。
2. 賞析葡萄美酒佳釀。
3. 品味茗茶與鮮咖啡。
4. 鑑賞藝與美術佳作。
5. 欣賞美的音樂旋律。
6. 泡美人湯與森林浴（圖2-9）。

(二)休閒遊憩樂趣體驗之商品設計應用

1. 把休閒樂趣體驗當作增加濃郁口感的甜心（sweet heart），如同甜點，吃在嘴裡，甜在心頭[13]，將活動設計置放在商品中心，產生心感體驗（flowing feeling），用以感動消費者（touching your heart）。

2. 把休閒樂趣體驗當作糖衣，以糖皮、糖霜或是翻糖[14]等型式設計在商品外，藉著「好的開始」概念，用以刺激消費者（tasting good）的味蕾，進而誘發產生購買慾望。

3. 把休閒樂趣體驗當作商品的包裝設計，以美化之外觀（good looking）

---

[13] 酸、甜、苦、辣、鹹五味中，只有製造甜味的糖分能刺激人類腦部的快感中樞帶給食用者更大的樂趣。

[14] 軟糖糖衣，通常也簡稱為軟糖糖衣，是一種用於裝飾或雕刻蛋糕和糕點的糖衣。它由糖、水、明膠、植物脂肪或起酥油以及甘油製成。

圖2-9　休閒遊憩體驗有如養生食譜
圖片來源：左上與下／作者提供。右上／臺北小巨蛋，右下／聯合新聞網。

或耀眼的視覺刺激吸引消費者之注意後，進而嘗試、探索與決定購買
（圖2-10）。

圖2-10　休閒遊憩之樂趣體驗的商業應用
圖片來源：楊知義、莊哲仁（2020）《休憩學概論》，p. 52。

㈢休閒遊憩應用在人生之旅（Applied in livelihood & life）

1. 休閒遊憩在人生之旅途從兒童、青少年、青年、中壯年到老年期，在情感需要層面，每個生命階段都貢獻其特定價值，讓我們的人生旅途充滿了快樂、發展與意義（圖2-11）。

人生旅途（旅人／凡人）

	兒童	青少年	青年	中壯年	老年
	休閒遊憩體驗（元素）				
價值	生存／（活）與生長	身體長成與心智成長	愛情事業追求與獲得	幸福美滿與成就榮耀	懷舊與美好回憶

圖2-11　個人的生命週期中休閒遊憩體驗的階段性貢獻

圖片來源：作者繪製。

2. 2017年10月13日，半導體龍頭臺灣積體電路的董事長張忠謀先生赴中央研究院發表英語演講：「我的旅程」。演說內容重點節錄如下：

　⑴人生就是不斷學習的旅程。

　⑵『快樂是人生最主要的目標』。

　⑶不用太多收入，目標就能達成。

問 題 及 思 考

1. 休閒遊憩與人生息息相關，原因何在？

2. 休閒遊憩對於個人及社會群體的重要性為何？

3. 休閒遊憩活動的快樂體驗是因為身體會分泌那些荷爾蒙，讓我們大腦反應感受到樂趣？

4. 把休閒遊憩當作商品糖衣、甜心與精美包裝的商業概念之應用，如何為之？

第三章 休閒遊憩資源、供應業者及組織：臺灣與美國兩地概觀

Chapter 3　Providers and Resources: An Overviews of Taiwan & USA

> **學習重點**
> ➤ 知道美國各級政府單位（聯邦、州及地方三個層級）中有那些單位提供休憩活動資源及相關之資源內容。
> ➤ 認識半公民營休閒遊憩組織及其所提供之休憩活動資源。
> ➤ 了解屬私人擁有之休閒遊憩組織及其所提供之休憩活動資源。
> ➤ 熟悉商業休閒遊憩業者之類別及其所提供之休憩活動資源。

第一節　美國的休閒遊憩資源、供應業者及組織

一、美國公共（眾）休閒遊憩提供者（Public Providers）

美國的公共（眾）部門休閒遊憩提供者包括三級政府（聯邦、州、地方級的市或郡）擁有及管理的土地與自然資源。在公有土地上有水資源、野生動植物與人文史蹟，開發利用自然與人文資源可供民眾參與各種戶外休憩活動，如登山健行、泛舟、狩獵、釣魚、露營與攝影等。政府單位負責規劃開發與經營管理這些土地上的遊憩資源以確保永續營運供全民享用。三級政府之休閒遊憩提供者說明如下：

㈠聯邦政府休閒遊憩提供者與資源（Federal Providers and Resources）

美國聯邦政府管理的遊憩土地大多位於西部各州，聯邦政府共有十三個目的業務管理單位，詳細行政管理工作分述如下：

1. 林務署（U.S. Forest Service）[1]：隸屬於農業部（USDA），提供美國最大的戶外遊憩使用量，擁有133,000英哩（miles）[2] 國家步道，7,700英哩國家景觀小路（scenic byways），超過10,000個遊憩據點（recreational sites）。

2. 土地管理局（Bureau of Land Management）：隸屬於內政部，負責管理超過2億6千4百多萬的原野地區（wildness），提供露營、觀光、賞景、狩獵、釣魚、越野探險、四驅汽車、機車、登山、滑雪、划船與操槳等水域活動。廣漠的土地包括35條原野景緻河（wild and scenic rivers）、15處國家古蹟區（national monuments）、29條國家步道、58條越野道路、726個半開發遊憩區和22,366個家庭露營地與大面積的湖泊水庫及原野地區。

3. 陸軍工兵署（U.S. Army Corps of Engineers）：隸屬於國防部，是多目標利用的單位，設立於1802年，執行自然資源管理計畫，負責43個州2,500個以上的遊憩地區，因為早期執行優山美地峽谷及黃石地區的資源保護，沿襲而成為自然保育的單位。

4. 印第安事務局（Bureau of Indian Affairs）：隸屬於內政部，管理1,824個原住民保留區或部落，約有5千4百多萬英畝的土地，除了美麗壯觀的風景還提供登山健行、騎馬、划船、滑雪、狩獵與釣魚等活動。

5. 魚類及野生動物署（U.S. Fish and Wildlife Service）：隸屬於內政部，管理全國超過500個野生動物棲息地與9千4百英畝的水域，其任務為保育（conserve）、保護（protect）及健全（enhance）魚類及野生動物棲息地，以永存人民最大的福益。

6. 國家公園署（National Park Service）：隸屬於內政部，1933年納入了哥倫比亞特區（the District of Columbia），包括其內的白宮廣場（White House grounds）及國家館（National Mall）；1921年將阿肯色州的熱礦泉公園（the Hot Springs of Arkansas，1880年設立）納入

1　管理美國的154個國家森林以及20個國家草原，總管理面積超過193×10^6 英畝。
2　1英哩等於1.6公里。

為國家公園；1906年將Yosemite Valley and Mariposa Big Tree Grove State Park（1864年接受國會贈與土地而於1890年成立州立公園）收回，設立「優山美地」國家公園（Yosemite National Park）；1872年建立黃石國家公園（美國第一座國家公園）（圖3-1、3-2）。

圖3-1　優山美地國家公園（Yosemite National Park）
圖片來源：楊知義、莊哲仁（2020）《休憩學概論》，p. 131。

圖3-2　黃石國家公園老忠實噴泉[3]（Old Faithful Geyser）
圖片來源：楊知義、莊哲仁（2020）《休憩學概論》，p. 131。

7. 土地開墾局（Bureau of Reclamation）：**隸屬於內政部，負責管理、開發與保護公共水及相關之資源，在美國西部建立了許多水庫、運河及水力發電廠。其多目標使用水電資源計畫，包括興建300個以上的水域遊憩區及自然景點區（圖3-3）。**

圖3-3　土地開墾局建立水庫、運河及水力發電廠
圖片來源：美國內政部土地開墾局官方網站。

8. 田納西流域管理局（Tennessee Valley Authority, TVA）：建立於1933年，美國聯邦政府內的獨立單位，是控制洪水、航運與發電的多用途使用管理單位，涵蓋的範圍包括阿拉巴馬、喬治亞、肯德基、密西西比、北卡羅來納、田納西與維吉尼亞等七州的土地。田納西流域共有50個湖泊，1,000平方英里的水面與11,000英里長的湖岸線，提供登山、騎馬、越野車、攝影、自然研習與戶外教育。此流域流行的活動共有露營、野餐、操舟、游泳、釣魚及狩獵等（圖3-4）。

9. 國家海洋及氣象局（National Oceanic and Atmospheric Administration）[4]：隸屬於美國商業部（USDC）的一個科技部門，主要任務是關注地球的大氣和海洋變化，提供對災害天氣的預警，提供海象圖和空照圖，

4　美國為民服務性質政府機構用「Service」，監督管理性質政府機構用「Administration」。

圖3-4　田納西流域管理局管理涵蓋七州的土地
圖片來源：美國田納西流域管理局官方網站。

　　管理對海洋和沿海資源的利用和保護，研究如何改善對環境的了解及
預測地球環境的變化，維護和管理海洋和沿海資源，以適應國家的經
濟、社會和環境需要。

10. 美國國家原野地保存系統（National Wildness Preservation System）：
　　1964年通過原野地設置保護法案（Wildness Act），涵蓋土地面積廣矜
　　（超過1億英畝），故透過跨部會（林務署、國家公園署、漁與野生動
　　物署及土地管理局）共同合作管理（圖3-5）。

圖3-5　美國國家原野地涵蓋土地面積廣袤
圖片來源：美國國家原野地保存系統官方網站。

11. 美國國家原野與景緻河系統（National Wild and Scenic Rivers System）：1968年國會通過設立National Wild and Scenic Rivers System，將溪與河流分爲野溪、景緻溪及遊憩河流三個等級的永續管理使用（圖3-6）。

圖3-6　國家野溪與景緻河系統
圖片來源：美國國家原野與景緻河系官方網站。

12. 國家步道系統（National Trail System）：1968年國家步道系統法案通過後建立的，目的是爲了享受與鑑賞步道沿線之自然美景與遊樂資源，分爲四種遊樂情境步道：國家風景步道（National scenic trails）、國家史蹟步道（National historic trails）、國家遊憩步道（National recreation trails）與支線及聯結步道（Side and connecting trails）。

13. 國家景觀道路（National Scenic Byways）：1991年建立，目的在補足國家步道系統網絡，透過加強與聯結，讓既有國家步道系統更爲完整，內容包括：

(1)景觀大道（parkways）：沿途風景優美並設置有休憩公園區寬廣的收費高速公路。

(2)景觀支線小道（byways）：連結景點區具景色的通達小路（access corridors）（圖3-7）。

圖3-7　國家景觀道路包括景觀道路與景觀支線道路
圖片來源：美國國家步道系統官方網站。

㈡州政府休閒遊憩提供者與資源（State Providers and Resources）

　　州政府管理州內遊憩資源及提供服務設施，其任務如下：

1. 舉辦遊憩活動。
2. 提供社區休閒服務。
3. 提供遊憩土地及設施。
4. 提供野餐露營戶外表演等遊憩機會。
5. 建立戶外教育與研究機構。
6. 推廣旅遊活動。
7. 提供醫療照護機構的遊憩服務（圖3-8、3-9）。

圖3-8　美國的州立公園提供遊憩土地及設施

圖片來源：上／美國印第安納州POKAGON州立公園官網；下／紐約州立公園官網。

圖3-9　美國州政府提供野餐露營戶外活動機會

圖片來源：楊知義、莊哲仁（2020）《休憩學概論》，p. 136。

（三）地方政府休閒遊憩提供者與資源（Local Providers and Resources）

　　美國共有3,043個郡（county），提供地方居民公園、野餐區、騎馬與登山小道、運動場、露營地、海灘、住宿及木屋區；約18,000市政府提供之公園、遊戲場與遊戲區及舉辦運動、水上、戶外及自然導向的課程及活動、安排表演藝術、節慶與社交機會、手工藝與同好社群節目活動。

　　地方政府遊憩及公園管理部門亦常為社區運動球隊舉辦比賽活動，及在公園內興建自主性活動設施，較大城鎮則建有動物園、植物類花園、藝廊、博物館、表演藝術中心、水族館、民眾活動中心或高爾夫球場。地方政府興建城市公園歷史（History of City Parks）：

1. 殖民時代的美國城市設立廣場（squares）、庭園（gardens）、開放空間（plazas）供一般大眾使用及享用。其中最有名的是波士頓綠地（Boston Common），為美國最早期的市立公園之一（圖3-10）。

圖3-10　美國最早期的市立公園之一波士頓綠地
圖片來源：https://www.boston.gov/parks/boston-common。

2. 隨波士頓綠地後加入了美國四個第一（4 first's），分別為波士頓公共花園（The Boston Public Garden），美國第一個植物園及樹木園，波士頓沙園（Boston Sand Garden），美國第一個兒童遊戲場與翠玉項鍊綠地（emerald necklace）的建設，美國第一個城市綠帶。

3. 紐約中央公園－美國第一個經過規劃設計的城市公園（planned park），1930年經濟大蕭條（The Depression）[5]年代與第二次世界大戰後，美國政府興建了大量都會公園與城市開放空間（圖3-11）。

圖3-11　紐約市曼哈頓島（Manhattan）中央公園
圖片來源：楊知義、莊哲仁（2020）《休憩學概論》，p. 137。

地方政府休憩建設基金與開發（Funding and Development）：
1. 建設遊憩地區需要開發基金，基金數額常決定地方遊憩機會的範圍與品質，其來源包括發行債券、接受捐贈、辦募款活動與來自於上級政府的補助。
2. 地方政府能夠提供適當的遊憩區與設施供社區居民使用並滿足地方上真正的需要，政府與民間共同籌款發展遊憩設施，如此對民眾來說，是最能擴大用在公共遊憩使用的稅收效益。

5　1929至1933年間全球性的經濟大衰退，二次世界大戰前最為嚴重的世界性經濟衰退。

二、半公營休憩組織及提供之活動資源（Quasi-Public Providers）

半公營休憩組織的體制在於事業由私人經營、經費由公家機構補助、民間個人或團體捐贈或募款活動而得。這些組織由基金會或董事會組成，舉辦的遊憩活動或機會多由參與者自行付費，但非以營利為目的，故常有志工協助。活動的種類非常龐雜，如宣傳教義、社會公益、公共教育等。其組織團體包括青少年組織、宗教組織、社區民眾活動中心、藝文組織與保育社團，說明如下：

㈠青年組織（Youth Organizations）：一般性青年組織（Secular）

如美國男童子軍團（Boy Scouts of America）、美國女童子軍團（Girl Scouts of the USA）、美國大哥大姐團（Big Brothers and Big Sisters of America）等（圖3-12）。

圖3-12　美國大哥大姐團舉辦的活動
圖片來源：楊知義、莊哲仁（2020）《休憩學概論》，p. 139。

(二)青年組織（Youth Organizations）：宗教性青年組織（Religious）

如基督教青年會、女青年會（YMCA, YWCA）、希伯來教青年會/女青年會（YM/YWHA）、天主教青年組織（CYO）等。

(三)Community Centers（社區民眾活動中心）

如美國青年工作中心（American Youth Work Center）。

(四)Arts and Cultural Organizations（藝文組織）

如博物館（museum）、藝文中心（art centers）、民眾活動中心（civic centers）（圖3-13）。

圖3-13　民眾活動中心與其舉辦的活動

圖片來源：Alamogordo Daily News 2018/03/13。

(五)Preservation Societies（保育社會團體）

如全國奧都本協會（National Audubon Society）、自然保育組織（The Nature Conservancy）（圖3-14）。

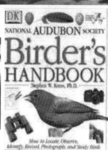

圖3-14　奧都本協會、自然保育組織及其印行刊物
圖片來源：楊知義、莊哲仁（2020）《休憩學概論》，p. 140。

三、私人休憩組織及提供之活動資源（Private Providers and Resources）

　　多以非營利組織型態為主並採用會員制，加入須繳交會費，組織會雇請專職員工負責日常管理工作，提供較親密且具排他性質的休憩環境供會員團體活動，詳細說明如下：

(一)運動及戶外活動俱樂部（Sport and Outdoor Clubs）

　　網球、高爾夫球、游泳與遊艇俱樂部等，其休憩活動場所的裝潢與設施、設備可能從平價到豪華等級，會館內可能設置圖書閱覽室、壁球間、娛樂廳與水療健身館。城市運動俱樂部提供紅頂商人社群各類室內運動與社交聯誼的相關設施。有的滑雪俱樂部擁有自己的陡坡滑雪道、T座纜車與豪華會館。

(二)社交聯誼性俱樂部（Social Clubs）

　　由種類各式各樣，規模從小到大的社群團體所組成，主要是透過群體休憩活動促進成員間彼此的感情，組織成員可能是社區住戶，可能是同

業，也可能來自於有共同社會觀點的人士。

㈢特殊興趣團體（Special-Interest Groups）：

　　如美國蘭花社團（American Orchid Society）、全美來福槍協會（National Rifle Association），成員們有共同的興趣，繳交會費，定期收到簡訊、郵件通知或專業期刊，除了閱讀收到的訊息機會外並有定期聚會，用以聯誼心得及切磋技巧。

㈣社會服務俱樂部（Adult Service Clubs）：

　　扶輪社（Rotary）、獅子會（Lions）、公鹿俱樂部（Elks）、同濟會（Shriners）與青商會（Junior League）等，在非營利基礎下舉辦或贊助休憩與公益活動[6]（圖3-15）。

圖3-15　社會服務組織提供群體休憩活動機會
圖片來源：楊知義、莊哲仁（2020）《休憩學概論》，p. 141。

6　如同濟會全額贊助癱瘓與燒傷兒童醫療費用。

四、商業遊憩業者之類別（6類）及提供之活動資源（Commercial Providers）

㈠視聽娛樂遊戲業（Retail: Audiovisual）

視聽娛樂及虛擬實境（virtual reality, VR）的電子遊戲（video game）產品，使用雙核高速電腦及聲歷其境環繞音響，很多遊戲設計能改善使用者解決問題能力及建立自尊與自信。擴增實境（augmented reality, AR）[7]的手機抓寶遊戲寶可夢（Poke`mon GO）曾風靡一時。

㈡兒童遊樂園及主題遊樂園（Entertainment: Amusement and Theme Parks）

1. 機械設施遊樂園最有名的數紐約市的柯尼島遊樂園（Coney Island）及1857年建立的瓊斯伍茲遊樂園（Jones Woods）；1920至1930年間是其擅場時期，其內包括旋轉木馬（merry-go-round）、雲霄飛車（roller coaster）及摩天輪（Ferris wheel）等令人驚魂之遊戲設施、機率遊戲、小丑表演獻藝及餐飲賣店，後隨1930年代的全球性經濟大蕭條而式微。

2. 主題遊樂園始於1955年，佔地180英畝（acres）位於美國加州安那罕的迪士尼樂園的開幕，聲光色彩及科技幻想的娛樂遊憩是嶄新的發展觀念（圖3-16）。

㈢大型購物中心及連鎖餐廳（Entertainment: Malls and Restaurants）

美國最大的購物中心位於明尼蘇達州布魯明頓（Bloomington），共佔地78英畝之美國購物中心（The Mall of America）。

---

[7] 手機掃瞄遊樂景點區解說站標示之QR code，透過下載之app應用程式觀賞虛擬之歷史解說場景。

圖3-16　遊樂園與主題樂園內多騎乘設施
圖片來源：楊知義、莊哲仁（2020）《休憩學概論》，p. 143。

㈣住宿業：商業露營地（Hospitality: Commercial Campgrounds）

　　美國有接近80%的商業露營地是由個人、家庭、小公司、大企業或聯鎖業者在經營，多位於高速公路附近，接待家庭或個人駕車旅遊族群，供較短時間停留使用。服務設施包括洗衣間、便利商店、車輛打氣設備、一或數間餐廳。某些露營地提供游泳池或網球場，甚或安排前往鄰近區的景點旅遊活動。有些商業露營地採用會員制，以分時共享方式經營，有時甚至以不動產權共有制度販售露營單位給會員。

㈤夏令營或多令營地（Leisure Services in the Natural Environment: Camps）

　　對美國年輕人來說，好幾個世代以來，參加暑期營會已成經常性的夏日休閒活動，營會的舉辦或贊助單位可能是私人、半公營組織、宗教團體、公營或市政單位。夏令營一般會依據年齡或性別設計不同營隊，營會活動計畫內容包括手工藝製作、自然研習、音樂、戲劇與歌唱活動、

以及戶外紮營與探路活動。美國露營協會（American Camp Association，ACA）已開發一套認證標準供全國各類型夏令營地參考應用，符合其所訂各項標準的營地則獲得授證（圖3-17）。

圖3-17　商業家庭露營地與夏令營會團體露營地
圖片來源：左上、下／MPRNEWS 2020/05/17；右上、下／https://www.campendium. com/may-queen-campground。

㈥旅遊及觀光業（Travel and Tourism）

　　依據世界旅遊及觀光委員會（World Travel & Tourism Council）資料顯示：觀光旅遊是世界最大的產業，在美國境內則是第三大產業。根據《旅遊與休閒》（*Travel & Leisure*）雜誌的調查，受訪者認為個人旅遊有助其了解一個紀元的歷史與文化，能夠協助他們為自然環境努力或幫助他們達成生活新希望。

五、特定休憩業者及提供之活動資源（providers of Specialized Service）

　　有些企業組織專門服務某些特定族群，使其成員能因而獲得個人健康或團隊能重振士氣。

㈠公司員工遊憩企劃業（Employee Recreation）：

員工休閒服務源於十九世紀產業革命，工廠老闆發現提供辛苦工作的勞工休閒活動機會，更能有助於增加他們的生產力。早期的休閒機會較為簡單，有組樂團、野餐、遠足或踏青，現今的休閒活動則包括：贊助公司員工組成保齡球、籃球、壁球、壘球或棒球隊，甚至舉辦公司高爾夫競賽。成立於1941年的全美勞工服務與遊憩協會（NESRA）[8]，引領四千個以上贊助員工遊憩的個人或公司會員，辦理員工遊憩計畫。

㈡部隊官兵遊憩企劃業（Military Recreation）：

軍事部隊的遊憩活動始於1900年代第一次世界大戰期，到了第二次世界大戰時就已經很成型了。有非營利性聯合服務組織（United Service Organizations，USO）推動工作業務、有現代化設施與活動計畫，又有運動與音樂活動，所以是很成功的休憩供給面組成。

㈢校園學生遊憩企劃業（Campus Recreation）：

大學院校提供一系列校園跨學期的遊憩活動計畫，學生是主要召募對象，教職員、校友與社區芳鄰會員等群體則是次要加入者。校園遊憩計畫能加強學校意象，幫助招募與留住學生。現代進化版的學生遊憩計畫還能兼顧到學生的心理與社交需要，如體適能、戶外遊憩與舞蹈[9]。

㈣銀髮族照護遊憩企劃業（Elder Care Recreational Services）：

非營利護理之家、長照老人之家、銀髮居家照護或社區服務等組織幫助老人家滿足他們需要的遊憩服務，隨著高齡化社會的到來，未來會有更多遊憩資源與供應業者加入新的樂齡遊憩市場。

8　National Employee Services & Recreation Association.的縮寫。
9　啦啦舞、國標舞或熱舞等社團遊憩活動。

第二節 臺灣地區的公民營休憩資源與管理單位

一、公營休憩資源與管理單位

在臺灣因為省的虛級化，故公營休憩資源與管理單位只分中央與地方政府兩個等級，中央為行政院所屬的單位，擔負跨縣市區域與珍貴稀有資源的休憩管理與提供的工作，地方為縣市政府所屬的單位，負責行政轄區內各項休憩資源管理與活動計畫執行。

㈠中央政府等級單位的休憩資源

1. 內政部營建署國家／自然公園（9/1處），（表3-1）。

表3-1 臺灣地區的國家公園（不含高雄壽山國家自然公園）

區域	國家公園名稱	主要保育資源
南區	墾丁國家公園	隆起珊瑚礁地形、海岸林、熱帶季林、史前遺址海洋生態。
中區	玉山國家公園	高山地形、高山生態、奇峰、林相變化、動物相豐富、古道遺跡。
北區	陽明山國家公園	火山地質、溫泉、瀑布、草原、闊葉林、蝴蝶、鳥類。
東區	太魯閣國家公園	大理石峽谷、斷崖、高山地形、高山生態、林相及動物相豐富、古道遺址。
中區	雪霸國家公園	高山生態、地質地形、河谷溪流、稀有動植物、林相富變化。
離島	金門國家公園	戰役紀念地、歷史古蹟、傳統聚落、湖泊濕地、海岸地形、島嶼形動植物。
離島	東沙環礁國家公園	東沙環礁為完整之珊瑚礁、海洋生態獨具特色、生物多樣性高、為南海及臺灣海洋資源之關鍵棲地。
南區	臺江國家公園	自然濕地生態、臺江地區重要文化、歷史、生態資源、黑水溝及古航道。
離島	澎湖南方四島國家公園	玄武岩地質、特有種植物、保育類野生動物、珍貴珊瑚礁生態與獨特梯田式菜宅人文地景等多樣化的資源。

資料來源：內政部營建署。

2. 國立故宮博物院（National Palace Museum）、國立歷史博物館
   （National Museum of History）、國立自然科學博物館（National
   Museum of Natural Science）（圖3-18）。

圖3-18　位於臺北市士林區的國立故宮博物院
圖片來源：楊知義、莊哲仁（2020）《休憩學概論》，p. 147。

3. 國父紀念館、國家音樂廳、國家戲劇院（前兩場館又稱國家兩廳
   院）、臺中國家歌劇院（圖3-19）。

圖3-19　位於臺北市中正紀念堂園區的國家兩廳院
圖片來源：楊知義、莊哲仁（2020）《休憩學概論》，p. 147。

4. 交通部觀光局轄屬的國家級風景特定區（13處），如東北角暨宜蘭海岸、北海岸及觀音山、三山（八卦山、梨山與獅頭山）、日月潭、阿里山、雲嘉南濱海、西拉雅、茂林、大鵬灣、花東縱谷、東部海岸、澎湖、馬祖等國家風景區（圖3-20）。

圖3-20　跨苗栗、臺中與彰化三縣市的參山國家風景區
圖片來源：楊知義、莊哲仁（2020）《休憩學概論》，p. 148。

5. 農業委員會林務局轄屬國家森林遊樂區（18處）與農委會林業試驗所轄屬的植物園，如太平山、內洞、滿月圓、東眼山、觀霧、大雪山、合歡山、八仙山、武陵、奧萬大、阿里山、藤枝、雙流、墾丁、知本、向陽、池南、富源等國家森林遊樂區與臺北植物園、福山植物園、南投蓮華池藥用植物園、嘉義樹木園、高雄扇平森林生態科學園、屏東恆春熱帶植物園等。

6. 行政院退除役官兵輔導委員會管轄的休閒農場與森林遊樂區，如清境、武陵、福壽山農場與棲蘭、名池國家森林遊樂區。

7. 教育部轄屬的國立大學實驗林自然教育中心／森林遊樂區／植物園，如臺灣大學溪頭自然教育中心、中興大學惠蓀林場森林遊樂區與臺南市新化國家植物園（圖3-21）。

圖3-21　南投縣仁愛鄉國立中興大學惠蓀林場森林遊樂區
圖片來源：楊知義、莊哲仁（2020）《休憩學概論》，p. 148。

㈡地方政府各等級單位的休憩資源

1. 直轄市與縣（市）政府經營管理的公園（鄰里至區域公園），如桃園市虎頭山公園（奧爾森林學堂）、臺中市臺中公園與臺北市大安森林公園及松江詩園[10]。

2. 直轄市與縣（市）政府經營管理的動物園、美術館、兒童樂園，如臺北市立美術館、兒童新樂園與動物園。

3. 直轄市與縣（市）政府經營管理的風景區，如新北市野柳風景區、苗栗縣泰安溫泉與新竹縣清泉溫泉。

4. 直轄市與縣（市）政府經營管理的民眾活動中心。

5. 直轄市與縣（市）政府經營管理的水庫風景區或埤塘，如位在臺南市臺灣最大的灌溉與遊樂用的曾文水庫風景區，及位在桃園市龍潭區供飲用、灌溉、發電與遊樂用石門水庫風景區[11]（圖3-22）。

---

[10] 位於松江路的鄰里公園。
[11] 石門水庫由經濟部水利署北區水資源局管理。

圖3-22　桃園市石門水庫風景區
圖片來源：楊知義、莊哲仁（2020）《休憩學概論》，p. 149。

二、民營休憩資源與管理單位

㈠電子遊藝業與柏青哥（小鋼珠）店

　　臺灣電子遊藝場，幾乎皆以個人行號的方式經營，非公司登記，遊藝場業似乎無法和博弈劃清關係。場地劃分為益智性遊戲類及博弈娛樂類兩區，設置成人區提供賭博性電玩，並有警衛管控。益智類遊戲機檯包括模擬競速類、音樂類、打擊類、射擊類、運動類、螢幕類、彩票機、禮品機、娃娃機等遊戲機檯。博弈類遊戲機檯採取會員制度，後檯管理系統詳細記錄玩家資料及消費金額。遊藝場有大型街機、自動販賣機、代幣兌換機等設備（圖3-23）。

　　「柏青哥」在日本是一種老少咸宜的大眾化娛樂，在臺灣「電子遊戲場業管理條例」規定只能兌換2,000元以下獎品，單純的兌換獎品經營手法並不能滿足國人的堅強賭性，業者只好暗中從事兌換現金之手法。說明如下：

1. 以獎品輾轉換回現金、利用店外的巷弄或躲在車內兌換。

圖3-23　臺灣知名的電子遊藝場

圖片來源：楊知義、莊哲仁（2020）《休憩學概論》，p. 150。

2. 將現金放在廁所衣服口袋或衛生紙盒內兌換。

3. 預先埋設水管通到店外後方，賭客持積分卡交付櫃檯後被示意自行到防火巷拿取，由員工從水管口將綑綁好的賭金擲下，讓客人拿取，達到兌換賭金目的。

(二)遊樂園與休閒農業

　　臺灣知名的遊樂園在旅遊業界一般稱為「369遊樂園」，也就是北部地區的六福村主題遊樂園、中部地區的九族文化村與南部地區的劍湖山世界等三個遊樂園區，在這三個大型遊樂園區的強勢瓜分國民旅遊市場下，小型遊樂園難以倖存，能夠苟延殘喘的是有地利之便，位於中山高速公路旁臺中市后里區的麗寶樂園[12]，雖不斷更新設施，但仍然在慘澹經營。

　　臺灣農村因設立有農會系統，除了有信用合作社的功能，尚有推廣精緻農業的成就，在此基礎下以農委會喊的三生口號：「生產」、「生活」、與「生態」發展休閒農業結合民宿[13]的「生意」，引領農村觀光旅

---

[12] 麗寶建設股份有限公司所有，樂園購自臺中長億（興農）集團，企業旗下尚有分散各地的福容飯店。

[13] 來自日本的住宿業營運用詞，經營方式與B & B及Pension類似。

遊（Rural Tourism）的風潮。休閒農業的供應面組成分包括：假日農園、觀光果園、休閒農場、觀光林場、觀光牧場與提供住宿的民宿或農民活動中心等。

(三)大型購物中心／園區與車站商場

大型購物中心可以滿足多元顧客購買需求，空間寬敞更有休閒情境，從最早的桃園市南崁區臺茂家庭娛樂購物中心（Tai-Mall Shopping Center）到時興的新北市林口區日商投資的「三新奧萊特斯園區」（三井 Outlets Park），皆以大型複合與餐飲娛樂為賣點。

從百貨業「微風廣場」[14] 進駐臺北車站後，將「城市車站」改頭換面成「車站商場」，除了接待過客（transients）外也包括了遊客（visitors），川流不息的人潮也帶來了錢潮，大大的提升了轉運站的商業遊憩價值，接續加入轉型的尚有新北市板橋車站與臺北市松山車站，不止火車站如此，一些公車或地鐵轉運站[15] 也加入成休閒產業的重要部分，事實上「航空城」的概念也是如此，將一個「城市機場」的空間面積擴大後，招募一群遊戲、休閒、遊憩與娛樂產業的商家進駐，使其發展成一個充滿生意商機與休閒旅遊氣氛的「機場城市」。

歐洲國家德國法蘭克福的「法蘭克福機場」（Frankfurt Airport）與荷蘭阿姆斯特丹的「史基浦機場」（Airport Schiphol）內設有博物館、圖書館與博弈娛樂廳（casinos），皆屬機場城市實例，目前被評為世界最佳機場的新加坡「樟宜機場」也走休閒風，已完成許多休閒景觀設施，包含一座人工巨型瀑布「星耀樟宜」（Jewel Changi Airport），替國家門面擦亮了招牌，這些機場發展的現況足資臺灣交通行政單位引為借鏡（圖 3-24）。

---

14 微風廣場是臺灣一個連鎖零售品牌，包括購物中心、百貨公司、商場、美食廣場等。
15 臺北市政府公車轉運站與機場捷運招睞商場與飯店業進駐。

圖3-24　新加坡樟宜機場人工巨型瀑布
圖片來源：聯合新聞網（2019-03-12）。

第三節　休憩資源的應用實務

一、餐飲+景點的套裝遊程

　　會展業者（MICE）[16] 常會爲其客戶安排短遊程（excursions [17]）觀光行程以豐富期商務之旅，日間爲前往鄰近景點地區參訪遊玩的半日或一日遊程，夜間則多採用在住宿旅館所在地的城市之旅（city tours）。餐飲業者在未來的營運也可如法炮製，如同旅館業者般提供全方位的服務（full service），其中包括以住宿（accommodation）再加上半日或一日的景點遊程（圖3-25）。舉例如下：

㈠餐飲（food & beverage）+風景區或景點遊程（excursions）

　　例如石門水庫風景區的餐飲業者提供「石門鮮魚多吃+水庫半日遊」等或「石門鮮魚多吃+小烏來風景區半日遊」等套裝商品。

---

[16] 取meeting, incentive travel, convention, and exhibition四個英文字的「頭文」（initials）組合。
[17] 當日來回的旅遊行程，接送皆在住宿的旅館，半日或一日遊。

圖3-25　地區性小型旅行社提供的商品
圖片來源：楊知義、莊哲仁（2020）《休憩學概論》，p. 153。

㈡婚宴／餐飲（banquet and food & beverage）+臺北市城市之旅
（city tours）

　　例如臺北市城市區的婚宴餐廳業者提供「中、晚餐婚宴+臺北市城市之旅」或「中餐婚宴+臺北故宮之旅」等套裝商品。

二、住宿餐飲+景點的套裝遊程

㈠酒店（hotel）+風景區或景點遊程

　　一泊一食（兩天一夜內含兩客早餐住宿），再加上城市鄰近地區風景區一日行程或3D2N（三天兩夜內含兩天兩客早餐）之旅，再加上兩處（個）風景區一日行程。

㈡酒店+臺北市城市之旅

　　一泊一食，再加上臺北城市區半日行程或3D2N住宿之遊程，再加上臺北城市區人文景點半日行程及夜未央半日行程。

問題及思考

1. 中央政府設立國家公園，主要的目的為何？
2. 地方政府在提供休憩服務的工作項目有哪些？
3. 「主題樂園」提供的休憩內容為何？
4. 「城市機場」與「機場城市」的概念各是什麼？

第四章　主題遊樂園：美國奧蘭多
迪士尼世界渡假村

Chapter 4　Theme Parks: Disney World Resort Orlando
FL

學習重點

➤ 知道整合（integrated）與複合型渡假村（resort complex）之概念
與主題遊樂園之發展沿革。

➤ 認識世界第一座主題遊樂園——美國「加州安納罕迪士尼樂園」催
生的靈魂人物——華特・迪士尼（Walter Elias Disney）。

➤ 了解如何規劃設計主題遊樂園的「主題」意識。

➤ 熟悉主題遊樂園（複合型渡假村）營運成功之道。

第一節　主題遊樂園的概念與發展沿革（The concept & history of theme parks）

一、整合（integrated）與複合型渡假村（resort complex）之概念

(一)整合型渡假村（integrated resort）之概念

1. 以住宿設施的餐旅接待管理（hospitality management）商品、周遭環
繞大型的休閒遊憩設施單元與遊戲娛樂活動單元組合（unit mixtures）
及購物會展設施單元與優質營運作業服務組合的三類型核心商品複合
並整合的渡假村。

2. 新加坡在2006年計畫引進外資投資合法化的博弈事業[1]時，首創此商業

1　李顯龍政府通過了兩個大型賭場娛樂區（Integrated Resorts；IR）的計畫，也就是整合型渡假村計
畫。

詞彙及概念，2010年開幕營運之美國金沙集團投資開發的濱海灣金沙酒店（Marina Bay Sands Singapore）與娛樂場及馬來西亞華僑雲頂集團投資興建的聖淘沙名勝世界（Resorts World Sentosa）便是實例（圖4-1）。

圖4-1　新加坡聖淘沙島的名勝世界渡假村
圖片來源：楊知義、莊哲仁（2020）《休憩學概論》，p. 198。

3. 美國在太平洋的屬地塞班島（Saipan）上開放博弈娛樂場業，由香港商人紀曉波／吳佩慈投資的博華皇宮渡假村（酒店）[2]原訂在2020年正式營運，惟受新冠肺炎疫情蔓延影響而延期，亦屬此類型（內含世界最大的親水樂園）（圖4-2）。

(二)複合型渡假村（resort complexes）之概念

1. 以主題串連數個「特色小規模渡假村單元」（specialty units of resort）並複合成大型渡假村（Mega Resorts），「特色渡假村單元」以遊樂設施與活動為核心商品，加入周遭環繞的住宿、餐飲及購物設施等商品

2　美國屬地南太平洋塞班島雖屬渡假島嶼，但經濟活動仰賴關島，多年來萎靡不振，當地政府在2014年解除賭博禁令，2015年吸引陸資博華太平洋集團（控股公司）在此投資興建博弈渡假村。

圖4-2　美國屬地塞班島港商紀曉波投資的博華皇宮渡假村
圖片來源：楊知義、莊哲仁（2020）《休憩學概論》，p. 198。

組合（product mixtures），以遊樂園的經營（park management）方式
營運與作業管理（operations management）。

2. 位於美國加州與佛羅里達州、歐洲的法國巴黎與亞洲日本東京、中國
　　上海及香港的六座迪士尼樂園與時代華納集團（Time Warner, Inc.）[3]
　　的六旗樂園（Six Flags）皆是此類型實例（圖4-3）。

　　　馬來西亞華裔富商林國泰[4]的雲頂集團（Genting Group）經營之「雲
頂博弈娛樂場飯店」與水上樂園組合商品則屬於整合與複合過渡期的大型
渡假村[5]（圖4-4）。

　　　臺灣地區的六大遊樂園區，早期的「369遊樂園」[6]、小人國及新興
的月眉育樂世界與義大世界，雖然規模與主題品質只有「准級」現代整合

---

[3]　由華納傳播股份公司與時代股份有限公司合併而成，2018年6月15日，由電信公司AT &T收購後更名
　　為「華納媒體」。
[4]　其父親為華僑界知名的丹尼斯林梧桐爵士。
[5]　增加遊樂與服務設施，規模變大，逐漸發展成複合型與整合型渡假村中間的類型。
[6]　劍湖山世界（3）、六福村遊樂園（6）與九族文化村（9）的旅遊市場俗稱，分屬臺灣的南、北、中
　　部三區。

圖4-3　時代華納集團的「六旗樂園」以4D雲霄飛車[7]馳名
圖片來源：楊知義、莊哲仁（2020）《休憩學概論》，p. 199。

圖4-4　雲頂集團之「雲頂博弈娛樂場飯店」與水上主題樂園
圖片來源：楊知義、莊哲仁（2020）《休憩學概論》，p.200。

---

[7] 乘坐者配戴三星Galaxy虛擬實境頭盔（3D）。

與複合渡假村的水準，但仍然是中、小學生公民教育校外教學與畢業旅行的主要選項，在國民旅遊市場也占有重要地位。

二、主題遊樂園之發展沿革

現代社會的各類型遊樂園是源於古希臘之奧林匹克比賽（Olympic game）運動場地及古羅馬兩輪戰車（chariot racing）與格鬥（gladiatorial combats）之競技場地（circuses）[8]的（Oval）橄欖的表演場（圖4-5）。

圖4-5　古羅馬兩輪戰車與格鬥使用之競技場地
圖片來源：維基百科。

十八世紀後在傳統市集中出現一批像電影「阿拉丁神燈」（Aladdin）[9]中雜技娛樂表演者們從事表演性休憩商品銷售行為[10]。後來又發展出馬戲團（Circus）搭建圓形帳篷表演場地的商業性巡迴演出（圖4-6）。

8　羅馬帝國時期，推動此類活動時的口號為「有競技就有麵包」（bread and circuses）。
9　內容為一個貧窮的市集小偷愛上蘇丹公主，遭遇奇蹟找到魔法神燈並透過許願在神燈精靈的幫助下偽裝為王子開始追求公主的故事。
10　類似現代街頭藝人的表演。

表演團體
（娛樂個體）
──馬戲團
（Circus）

圖4-6　馬戲團（Circus）商業模式為巡迴演出
圖片來源：楊知義、莊哲仁（2020）《休憩學概論》，p. 201。

　　十九世紀末，文明日進，人類社會聚居生活，逐漸朝城市化發展，加之產業革命帶動了科技及商業進步，街／電車成為都市居民的代步工具，業者為增加載客量營業收入，在市郊發車的起點站附近設立電車樂園（trolley parks），此為提供騎乘設施遊樂園（amusement parks）之前身。

(一)遊樂園（amusement parks）興起與沒落

1. 1851年5月1日，英國倫敦《水晶宮世界博覽會》（The Crystal Palace Exposition at Hyde Park）的揭幕，開啟了商（會）展業的大門，參與各國的展覽館競相展出創新商品[11]。接續舉辦的世界博覽會皆展出創新科技的研發產品，許多參展的騎乘設施（riders）陸續被遊樂園業者引進電車樂園區，如：雲霄飛車（roller skater）、旋轉木馬（merry-go-round）、摩天輪（ferry's wheel）等，因為新奇，吸引了大批遊客到訪，以位於紐約市長島之柯尼島（Coney Island NYC）最具代表性，盛極一時（圖4-7）。

---

[11] 包括鋁製品、橡膠、電話、留聲機、電動機、纜車、自動販賣機、單軌電車或大型廣體巴士皆為世博會首展品。

柯尼島（Coney Island's Family Rides）

There's so much more than just Sunlite Pool and Classic Ridesl

圖4-7　柯尼島遊樂園（Coney Island Amusement Park）是少數生命週期較長之遊樂園區

圖片來源：維基百科。

2. 1930年起全球性經濟大蕭條（The Depression）與二次世界大戰（World War II）接續發生，兩大社會不利因素連擊休閒遊樂市場，造成遊樂園快速沒落。

3. 柯尼島（Coney Island）遊樂園因鄰近紐約大都會區，有規模經濟條件，是世界少數現仍營運，生命週期較長之代表性園區。

㈡ 主題單元遊樂園（Themed sites/amusement parks）逐漸興起

　　遊樂園的沒落，除了騎乘設施的老舊不變與業者間彼此抄襲成風，園區相仿沒有特色的主因，還有就是使用者侷限於青少年族群，無法開拓其他年齡層新的市場。在強烈的市場競爭下，有的遊樂園轉型升級為具特色的主題單元遊樂園[12]，如美國賓夕法尼亞州的荷蘭冒險家庭遊樂園（Dutch Wonderland Family Amusement Park PA）、德國的樂高積木玩具遊樂園（LEGOLAND Deutschland）[13]（圖4-8）。

---

12 至少具有一項鮮明的主題意識。

13 現已更名為德國樂高遊樂園渡假村（LEGOLAND Deutschland Resort）。

圖4-8　樂高積木遊戲主題單元型遊樂園
資料來源：樂高德國樂園官方網站。

㈢主題樂園（Theme parks）取而代之

　　1901年，華特迪士尼（Walter Elias Disney）於12月5日在美國伊利諾州的大城芝加哥（Chicago）誕生，他是迪士尼樂園的創辦人和米老鼠和唐老鴨等偉大經典卡通人物的作者。他擁有高超的動畫技巧，精明的生意頭腦，以及童年的夢想，加上努力不懈，創造了迪士尼樂園（Disneyland Resorts）並為迪士尼世界（Disneyworld Resorts）奠定了歡樂的基礎，終於在經濟蕭條及二次大戰期後，實現了將卡通帶入三度空間、注入生命這個偉大的夢想（圖4-9、4-10）。

圖4-9　美國佛羅里達州的奧蘭多迪士尼世界
圖片來源：楊知義、莊哲仁（2020）《休憩學概論》，p. 204。

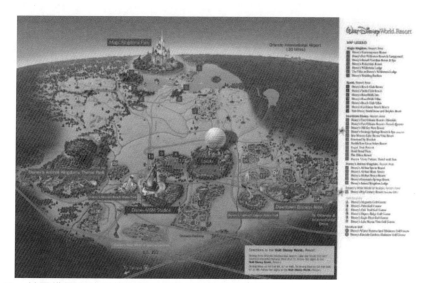

圖4-10　美國佛羅里達州的奧蘭多迪士尼世界渡假區地圖

圖片來源：楊知義、莊哲仁（2020）《休憩學概論》，p. 204。

1. 1955年，世界第一座主題遊樂園在美國加州的安那罕迪士尼樂園
   （Disneyland Resorts Anaheim CA.）誕生了。1971年，迪士尼集團的
   第二座遊樂園，迪士尼世界（Disneyworld Resorts）在佛羅里達州的奧
   蘭多（Orlando FL.）開幕。

2. 1983年，隨著日本東京迪士尼樂園（Disneyland Tokyo）的落成，他的
   夢想也延伸到了亞洲，1992年，更把歡樂散播到歐洲，建立了法國巴
   黎的歐洲迪士尼樂園（圖4-11）。

3. 2006年，香港大嶼山迪士尼樂園開幕，這是亞洲第二座迪士尼樂園，
   中國香港特區政府為了配合此開發案，特許了許多優惠的措施，此也
   為香港的經濟繁榮及教育環境升級帶來了很好的成果。

4. 而亞洲第三座迪士尼樂園則落腳於中國上海市的浦東新區，佔地600到
   800公頃，面積是香港迪士尼樂園的六倍大，上海迪士尼樂園在2016年
   6月已正式開幕。

5. 迪士尼樂園藉聲光色彩與科技幻想塑造主題，用米老鼠、唐老鴨等卡

圖4-11　法國巴黎迪士尼樂園渡假區（村）
圖片來源：楊知義、莊哲仁（2020）《休憩學概論》，p.205。

通角色當「彩衣吹笛手」[14] 招募一批又一批新生卡通人物並串聯起一段又一段的感人情節，加上以小孩的童真為核心，創新發展出呈現人性光輝面的故事，此種玩樂的情境，感動遊客內心後形成一種「主題感覺」，故有口碑「主題樂園」（圖4-12）。

圖4-12　格林童話：哈梅林（Hameln）吹笛手的街頭表演
圖片來源：楊知義、莊哲仁（2020）《休憩學概論》，p.205。

---

14 源自德國的民間故事，最有名的版本收錄在格林兄弟的《德國童話故事》（Deutsche Sagen）中，名為〈哈梅林的孩子〉（Die Kinder zu Hameln）。

第二節　主題樂園的專業知識與營運管理

一、主題遊樂園之組成分

複合主題單元的主題樂園，藉聲光色彩與科技幻想塑造主題，並以三度空間的軟硬體系統建構整體遊樂園區，場域內包括入口意象區、遊樂動線交通系統、主題據點遊樂區單元與資訊解說及促銷等活動、設施與服務，分別說明如下：

㈠入口區（gateway &entrance）

入口區之規劃設計元素包括：

1. 企業視覺識別系統（VIS，logo）。
2. 地標建築物（landmark architecture）。
3. 歡迎遊客光臨的意象（image）景觀（植物造景、文化圖騰）。

㈡區內聯絡動線系統（transportation & infrastructure）：

區內聯絡動線系統之規劃設計內容以各個渡假村為單元，藉環狀動線系統之纜車或單軌電車聯結出主題意識。單元內容則藉稻穗狀交通動線系統之接駁車、遊園車、遊覽步道滿足遊客之賞景（sightseeing）、遊憩（recreation）、享樂（enjoyment）及購物（shopping）。

㈢單元主題據點區

區內又可再分為遊樂活動與商業服務兩區塊，說明如下：

1. 據點（sites）主題遊樂區：利用主題單元（themed units）複合化做據點區之規劃設計，主題單元之內容為遊樂及娛樂設施與空間整體設計之娛樂據點區（Magical Areas）。
2. 商業服務區（services）：提供遊客住宿、美食體驗服務與購物天地等活動及設施。

㈣資訊、解說及促銷系統（information, interpretation, and promotion）

屬於軟體的設施開發，包括遊客資訊傳達、遊樂據點解說服務及園方

商業促銷系統之規劃設計。

二、規劃設計主題

感動遊客內心世界（touching visitors heart）的主題類型有四種：

㈠以歷史文化與科技將過去、現在及未來的時空串聯。

㈡融合自然與探險之人類生態。

㈢人類社會歷史文化光輝的時刻（期）。

㈣餐飲與購物全方位高品質服務的複合。

主題樂園形塑出的主題共有四項元素特徵（Characteristics of themes），分述如下：

㈠創新的元素（Innovative elements）：主要在滿足人性中「喜新厭舊」的心理，如時代華納集團旗下的六旗娛樂公司六旗樂園（Six Flags）的雲霄飛車與三星電子（Samsung Electronics）的3D虛擬實境（VR）眼鏡結合（圖4-13）。

圖4-13　六旗樂園VR雲霄飛車

圖片來源：楊知義、莊哲仁（2020）《休憩學概論》，p.207。

㈡科技的元素（Technical elements）：滿足人類「幻想」的心靈深處，如迪士尼動物王國虛擬實境（VR）結合擴增實境（AR）的潘朵拉星

球阿凡達世界（Pandora World of Avatar）（圖4-14）。

圖4-14　迪士尼動物王國潘朵拉星球的阿凡達世界
圖片來源：迪士尼世界樂園官方網站。

(三) 環境保護的元素（Conservable elements）：滿足人類回歸及重返自然的原始本性，與自然共存共榮，如侏儸紀公園的場景。

(四) 哲人柏拉圖《理想國》的生命及人性光明面元素（Utopia elements）：滿足人類需要動態層級裡，人性中追求「理想」的實踐。

三、複合型渡假村主題遊樂園之營運作業與管理

(一) 住宿複合化（Resort Complex）

1. 發揮群集效益（clustering benefits）：提供更多酒店住宿的選擇。
2. 發揮多樣化效益（diversity benefits）：五光十色、多采多姿。

(二) 主題樂園之利潤組合（Profit mix）

1. 門票：上海迪士尼預計投資金額超過新臺幣千億元，以目前規劃一張門票1,500元來看，預估每年可以吸引1,000萬人次，年營收約150億元（另一方面可確保維持品質）。
2. 餐飲：特色、風味、流行美食。
3. 住宿、娛樂及個人化服務：渡假村接待服務、運動與美容。
4. 零售及購物：禮品與紀念品。

㈢東京迪士尼樂園的知識技轉

1. 1983年東京迪士尼樂園（Disneyland Resorts）落成開幕，是亞洲第一個主題樂園，從此帶動日本主題樂園的快速發展。

2. 2001年3月大阪環球影城（全球共四座）開幕，是另一個遊樂園業國際投資成功的案例。

3. 日本主題遊樂園原創科技幻想之主角也有引進的日本凱蒂貓樂園。

㈣整合入主題樂園的渡假村（Integrated resorts）

新加坡聖淘沙島名勝世界（Resort Word Sentosa Singapore）整合六處主要主題化景點（themed attractions）設施區或主題園區，分別為：

1. 新加坡環球影城（Universal Studio Singapore）：佔地二十五公頃，有七大主題（馬達加斯加、科幻城市、遙遠王國、古埃及、失落的世界、紐約大道、好萊塢星光大道），二十四處騎乘設施，十八個嶄新設計（如史瑞克4D、星際大戰與木乃伊復仇記）。

2. 海生館樂園（Marine Life Park）：世界最大的海生館，有兩千萬加侖海水場域，超過七十萬隻海洋生物，如鯊魚、黃貂魚、海豚等明星魚種類。

3. 海事博物館（Mari time Xperiential Museum）：闡述九至十九世紀沿麻六甲海峽通商貿易的歷史，內部遊樂設施颱風劇場為360度4D海難體驗的場館，其中並穿插配合主題的饗宴餐廳。

4. 親水世界（Equarius Water Park）：多樣化滑水道、旁邊親水旅館置身茂盛熱帶雨林中、水上雲霄飛車及樹冠層蜻蜓水道。

5. 節慶遊藝大街（Festival Walk）：1/2公里長購物進餐娛樂場所、知名品牌旗艦及概念店、街頭藝人與夜間表演。

6. 娛樂現場表演（Entertainment）：

   (1)娛樂活動（免費觀賞），鶴舞，十樓高模擬對鶴（Emmy Award）雷射水舞。

   (2)歌舞劇表演，國際創意團隊綜合演出，Mark Fisher團隊策劃演出。

第三節　迪士尼世界渡假村（Disneyworld Resorts）主題景點（Theme Parks）介紹

一、神奇王國《Magic Kingdom》

包括「加勒比海海盜」、「鬧鬼的豪宅」、「小小世界眞奇妙」、「太空山」、「米奇的魔幻愛樂」、「叢林巡航」、「傻瓜小飛象」及「彼得潘（小飛俠）的飛行」等（圖4-15）。

圖4-15　迪士尼世界「神奇王國」園區
圖片來源：迪士尼世界樂園官方網站。

二、迪士尼動物王國《Disney's Animal Kingdom》

是個由野生動物當家的奇妙園區，在「奇里曼加羅狩獵」區裡，乘著敞篷的四輪傳動車去尋找羚羊、長頸鹿、犀牛等非洲動物的身影；在「馬哈拉加叢林長征」裡，深入東南亞的熱帶雨林，與孟加拉虎、鱷魚等猛獸相遇；在「生命樹」底下，感受身歷其境的「蟲蟲危機」；在「恐龍」區裡尋找侏儸紀公園的痕跡；還有根據「獅子王」和「尋找尼莫（海底總動員）」所改編的音樂劇（圖4-16）。

三、颱風潟湖水世界《Disney's Typhoon Lagoon》

爲迪士尼世界度假區第二座水上樂園，位在1989年6月1日開幕的颱風潟湖樂園區內，有著世界上最大的戶外人工造浪池。本據點的背景主題設定爲一個被颱風徹底摧毀的古代熱帶樂園（圖4-17）。

圖4-16　迪士尼世界「動物王國」園區
圖片來源：迪士尼世界樂園官方網站。

圖4-17　迪士尼世界「颱風潟湖」水上樂園
圖片來源：迪士尼世界樂園官方網站。

四、未來社區實驗模型《Epcot》

　　Epcot是Experimental Prototype Community of Tomorrow的縮寫，根據此主題、園區內分為兩個部分，一個切合未來的主題園區，內容基本和生態環保、太空航天有關；另外一個是表達「世界一家、實驗性的國際社區」的概念把各國文化整合，內含地球上十一個國家的建築、商店、傳統工藝品和餐廳（美國、日本、中國、加拿大、墨西哥、英國、法國、德國、義大利、摩洛哥、挪威），在主題景點區裡面相當於小型的世界博覽會（圖4-18）。

圖4-18　迪士尼世界「未來社區實驗模型」
圖片來源：迪士尼世界樂園官方網站。

五、迪士尼好萊塢影城／夢工廠（Disney's Hollywood Studios）

　　迪士尼好萊塢夢工廠包括玩具總動員園區及2019年建造完成的星球大戰：銀河邊緣[15]兩個園區，影城的總面積約有55公頃並有夜間現場表演娛樂[16]（圖4-19）。

圖4-19　迪士尼世界「好萊塢影城」
圖片來源：迪士尼世界樂園官方網站。

---

[15] 全部以星球大戰為藍本設計的園區，遊客能親自駕駛千年隼號和支持抵抗運動。

[16] 表演中使用特效煙火、真人演出、水舞效果、水幕投影、火焰、音樂等手法再現迪士尼動畫作品中的橋段。

六、迪士尼暴風雪海灘水上樂園（DISNEY'S BLIZZARD BEACH WATER PARK）

　　以極地氣候為靈感所打造的水上世界，有多條不同刺激程度的滑雪道，可以在暴風雪中和伙伴們比賽速度、競技，最後會泡浸雪水所匯集而成的游泳池裡。其中號稱全世界最高、最陡峭的滑雪道可以讓遊客坐在平底雪橇裡享受高速下滑的快感（圖4-20）。

圖4-20　迪士尼世界「暴風雪海灘水上樂園」
圖片來源：迪士尼世界樂園官方網站。

問題及思考

1. 為何美國奧蘭多迪士尼世界主題樂園是整合型渡假村？
2. 主題單元遊樂渡假區的組合成分有哪些？
3. 最早整合3D虛擬實境成為4D遊樂設施的是美國時代華納六旗樂園的哪一項遊樂設施？
4. 迪士尼世界主題樂園內「動物王國渡假村（區）」新增的潘朵拉星球主題景點融入了何種科技元素？

第五章 社群網站遊戲基地與網路線上遊戲

Chapter 5　Game Base & On-Line Games Attached on Websites

學習重點

➢ 認識Facebook社交（群）網站。

➢ 知道Facebook之發展史及網站特質。

➢ 熟習社交網站寓含的流行元素與休閒元素。

➢ 了解網際網路（互聯網）線上遊戲之休閒角色與商業價值。

第一節　Facebook社交（群）網站

一、Facebook之催生者

㈠創辦者與合夥人

1. Facebook[1]的創辦人是馬克・查克柏格（Mark Zuckerberg），畢業於紐約Ardsley高中，曾就讀於美國哈佛大學，已休學。

2. 馬克・查克柏格在安德魯・麥科勒姆（Andrew McCollum）、愛德華多・薩維林（Eduardo Saverin）及達斯廷・莫斯科維茨（Dustin Moskovitz）三位室友的支援下，在2004年2月創辦了「The Facebook」，當時他們是哈佛大學的學生。到了月底，半數以上的哈佛大學學生已經成了註冊用戶。

---

[1] Facebook的名字是來自傳統的紙質「花名冊」，通常美國的大學和預科學校把這種印有學校之校（社）區所有成員的「花名冊」發放給新入學的學生和教職員，藉以協助大家認識學校內其他成員，現已正式更名為「Meta」。

(二)協力人員

克里斯‧舒爾茨（Chris Hughes）[2]於不久後加入，一起協助推廣網站，將Facebook擴展到麻省理工學院、波士頓大學和波士頓學院（圖5-1）。

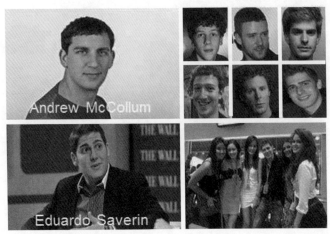

圖5-1　Facebook之催生者團隊
圖片來源：維基百科。

二、Facebook之發展

(一)Facebook之發展前期

1. 2004年，Facebook網站的註冊者僅限哈佛的學生，稍後開放波士頓地區的其他大學院校，如麻省理工學院（MIT）、紐約大學（NYU）、西北大學和其他的長春藤名校。第二年（2005年），很多其他學校也被邀請加入，當時只要有一個大學後點綴電子郵箱的人（如.edu.ac.uk等）都可以註冊登入。從2006年9月11日起，任何網路用戶只要輸入有效電子郵件位址後都可申請加入。

2. 用戶可以選擇加入一個或以上網路，例如在中學的、公司的、或地區的郵電網址。2006年9月至2007年9月間，該網站在全美網站中的排名

2　美國企業家，為社交網站Facebook的共同創辦人與現任發言人，哈佛大學畢業。

由第60名上升至第7名。

3. 據新澤西州一家專門進行大學市場調查研究的公司-「學生監聽」，在其2006年進行的調查中顯示： Facebook在「大學生認為最in（投入）的事」中排名和啤酒並列第二，僅次於蘋果的iPod。

4. 據TechCrunch報導：在Facebook涵蓋的學校中，85%的學生擁有Facebook檔案；所有這些加入Facebook的學生，其中60%每天都登入Facebook，85%至少每周登入一次，93%至少每月一次。」據Facebook發言人克里斯‧舒爾茨說，「用戶平均每天在Facebook上花19分鐘。」

㈡Facebook之成長期

1. 2007年7月的統計資料，Facebook在所有以服務大學生為主要業務的網站中，擁有最多用戶：3,400萬活躍用戶（包括在非大學網路中的用戶）。同時Facebook是美國排名第一的照片分享網站，每天上傳850萬張照片。超過其他專門照片分享網，如Flickr。

2. 2010年3月，Facebook在美國的瀏覽人數已超越Google，成為全美存取量最大的網站。

㈢Facebook之營運管理

1. 網站對用戶是免費的，其收入來自廣告。廣告包括橫幅廣告和由商家贊助的小組（2006年4月，據稱Facebook每周的收入超過150萬美元）。

2. 用戶可建立自己的個人檔案頁，其中包括照片和個人興趣（嗜好）等；用戶之間可以進行公開或私下留言；用戶還可以加入其他朋友的小組。

3. 用戶詳細的個人資訊只有同一個社群網路（如學校或公司）的用戶或被認證（接受）了的朋友才可以檢視。

㈣Facebook初期發展之重要紀事（里程碑）

1. 2004年4月～2005年8月

⑴2004年4月，擴展到了所有長春藤院校和其他一些學校。

⑵2004年9月，Facebook獲得了PayPal[3]創辦人彼得‧泰爾（Peter Thiel）提供的約50萬美元的挹注。到了12月時，Facebook的用戶數超過100萬。

⑶2005年8月23日，Facebook從AboutFace公司手中以20萬美元購得facebook.com區域名，自此把名字中The去掉了。

2. 2005年9月2日～12月11日

⑴2005年9月2日，Zuckerberg推出了Facebook高中版，並稱這是最合乎邏輯的下一步。雖然這最初被定位為需要邀請才能加入的社區，僅15天後，大部分高中的網路不需要密碼也可以加入了。

⑵到了10月份，Facebook已經擴展到大部分美國和加拿大一些規模更小的大學和學院。並且更進一步擴展到英國的21所大學、墨西哥的蒙特雷科技大學（ITESM）、波多黎各大學及維京群島大學。

⑶2005年12月11日，澳洲和紐西蘭的大學也加入了Facebook，至此，Facebook中總共有超過2,000所大學和高中。

3. 2006年2月27日～6月

⑴2006年2月27日，應用戶要求，Facebook允許大學生把高中生加為他們的朋友。

⑵2006年3月28日，《新聞周刊》報導Facebook可能被收購，談判正在進行中，Facebook拒絕了一個7億5,000萬美元的收購條件，甚至有傳聞收購價格高達20億美元。

⑶2006年4月，彼得‧提爾（Peter Thiel）、Greylock Partners和Meritech Capital Partners額外投資了2,500萬美元。

⑷6月Facebook擴展到印度理工學院和印度管理學院。

3　總部位於美國加利福尼亞州聖荷西市的網際網路第三方支付服務商。

4. 2006年7月25日～9月11日

(1)2006年7月25日，Facebook增加了更多提高收入機會的功能，在和蘋果iTunes[4]的合作推廣活動中加入「蘋果學生小組」的用戶可以在9月10日之前每周下載25首單曲。這個推廣活動的目的是讓學生們在秋季開學前對蘋果和Facebook的服務更熟悉和喜愛。8月，Facebook又加入了德國的大學和以色列的高中。

(2)8月22日，Facebook推出Facebook記事本功能：一個可以加標籤、插入圖片、評論的部落格服務，同時用戶可以從其他部落格服務中導入。

(3)9月11日Facebook對所有網際網路用戶開放，但兩周後，Facebook又恢復為仍舊對只擁有有效電子郵件位址的人開放。

3. 2007年5月14日～7月

(1)2007年5月，Facebook宣布了一個提供免費分類廣告的計劃，直接和其他分類廣告網站，如Craigslist競爭。這個被稱為「Facebook市場」的功能，於5月14日上線。

(2)2007年5月24日，Facebook推出應用編程介面（API）。通過這個API，第三方軟體開發者可以開發在Facebook網站執行的應用程式。這被稱為Facebook開放平臺（Facebook Platform）。6月和iTunes的合作繼續為用戶提供免費音樂單曲下載。

(3)7月，Facebook完成了第一次對其他公司的收購，從Blake Ross和Joe Hewitt手中收購了Parakey。24日，Facebook聘用YouTube的財務長（CFO）Gideon Yu為CFO，取代了Michael Sheridan。

4. 2008年3月～6月20日

(1)2008年3月，Facebook推出了德語版、西班牙語版和法語版。據報導，法語版是由4,000多名法國使用者的協助下完成的，使用者進行了網路術語的翻譯並票選了最佳方案。

4　蘋果公司開發的媒體播放器、媒體資料庫、網路電臺、行動裝置管理以及iTunes Store客戶端應用程式。

⑵2008年5月28日，《紐約時報》報導指出，以中國國務院總理溫家寶名義建立的Facebook頁面獲得超過1.3萬名支持者，成為網站最受歡迎政治人物之一，排在第三位，僅次於當時的歐巴馬總統和阿諾·史瓦辛格州長，Facebook在中國大陸的知名度也因此大為提高。

⑶2008年6月20日，Facebook推出了中文簡體版服務中國使用者，同時也提供了香港和臺灣使用者兩個繁體版本。立刻，Facebook在臺灣學生群體中迅速竄紅。

5. 2009年8月10日～2010年9月24日

⑴2009年8月10日，Facebook收購了曾被其使用過創意的FriendFeed[5]公司，兩家公司都沒有對外透露該交易的具體金額。

⑵《華爾街日報》援引消息靈通人士訊息稱，這起交易金額約為5,000萬美元左右。

⑶2010年9月24日，二十六歲的Mark Zuckerberg宣布捐1億美元給紐澤西州的Newark City公立學校系統。在同時富比世財經雜誌（Forbes）公布全美富豪排行榜中Mark Zuckerberg居第351名，身價69億美元。

㈤Facebook之其他軼事

1. 早在2007年11月，Alexa Internet[6]的資料就已顯示Facebook成為世界最大社群網站，但當時相信者不多，Alexa Internet後來又幾次調整了演算法，Facebook和My Space[7]的排序幾經易位。

2. 2008年6月，ComScore[8]公布統計資料稱，Facebook自當年4月起的存取量已超過Myspace躍居全球第一，並迅速在網際網路傳播。而Opera軟體公司於12月公布的資料也支持了這一結論。

---

5 聚合個人資訊的網站，可整合網路社群媒體、社群網路服務、書籤網站、部落格、微部落格的更新。

6 亞馬遜公司的一家子公司，為網際網路檔案館的分支。

7 Myspace是一個社群網路服務網站，提供人際互動、使用者自訂的朋友網路、個人檔案頁面、部落格、群組、相片、音樂和影片的分享與存放。

8 是一家美國媒體測量和分析公司，為企業提供行銷數據和分析。

3. 2009年3月，Facebook進行了一次重要改版，使得頁面很像推特（Twitter）的「狀態流」，並且還宣布會開放其應用程式介面API（app interface）。

4. 2010年4月22日，在Facebook的開發者會議F8上，微軟宣布依託Facebook Connect推出微軟文檔，以挑戰在電子文檔領域居於領先地位的Google檔案，同時，Yelp[9]、Pandora等公司也宣布將旗下產品與Facebook加強整合。自此，Facebook得將其內容整合至更多網站。

(六)Facebook之特性

1. 具搜尋引擎的功能，能主動幫助用戶找到可能的朋友群。
2. 能上傳圖片、標記及分享。
3. 提供分類、萃取與提示服務。
4. 發揮平臺與連結的效果。

第二節　社群網站流行元素

一、Facebook整合之流行文化元素

(一)塗鴉牆（The Wall）

1. 塗鴉牆就是用戶檔案頁上的留言板，與留言版不同的是塗鴉牆的內容會被同步到各個朋友的首頁，因此可以在自己的塗鴉牆上發表一些最新狀態，也可以設定為不同步給所有好友。

2. 很多用戶可以在塗鴉牆上留下簡短訊息。更為私秘的交流則通過「訊息」（Messages）進行。訊息發送到用戶的個人信箱，就像電子郵件，只有收信人和發信人可以看到。2007年7月起，用戶可以在牆上貼附件，之前，只允許文字內容。

(二)市場（Marketplace）

1. 2007年5月，Facebook推出Facebook市場。用戶可以免費發布下列分類

9　Yelp是一個用戶對餐酒館等場所進行評價的網站。

廣告：售賣二手貨、租房、找工作等，供需兩方均可發布。

2. 所有Facebook用戶都可以使用這個功能，目前是免費的。

㈢開放平臺上的應用程式（Application program：ilike）

1. 2007年5月24日Facebook推出Facebook開放平臺。利用這個框架，第三方軟體開發者可以開發與Facebook核心功能整合的應用程式。

2. 曾經最流行的應用程式包括：開心農場遊戲。

3. 頂級朋友：用戶可以選擇和顯示他們最好的朋友

4. 塗鴉板：一個圖形效果的「牆」

5. 我喜歡：一個社會化音樂發現和分享服務，包括音樂會資訊和有關音樂知識的小遊戲，甚至有象棋、拼字遊戲之類的遊戲出現。

㈣上傳圖片標記之社交程式

㈤開放平臺上的應用程式（Application）：附掛程式

1. 而第三方網站如進行Facebook應用數據統計的Adonomics，相關部落格如AppRate、Inside Facebook、Face Reviews等。

2. 截至2007年9月26日，共有超過4500個Facebook應用程式出現。

3. 有用戶設立了各式各樣應用程式的群組，這些群組吸引了超過60萬的用戶加入。

㈥直播（Facebook Live）

1. 網路直播（Live video streaming）[10] 創造新商機。

2. 臉書開放臺灣iOS（蘋果公司載具內建使用軟體）用戶直播功能。

二、Facebook整合之休閒（趣味性）元素

㈠休閒元素（遊戲類）

1. 遊戲中心（個人常參與之遊戲）附掛相容程式，如跨國性博弈遊戲：德州撲克與奧馬哈撲克及與莊家對賭之遊戲：吃角子老虎機。

---

10 網路直播是指隨著線上影音平臺的興起，在網際網路（互聯網）上公開播出即時影像的娛樂形式。

⑴德州撲克是網路線上遊戲者彼此相互博弈，並非與莊家對賭，業者利潤來自於程式抽頭及在真實市場通路販售網路虛擬籌碼（遊戲點數）。

⑵德州撲克有華人版（可在線上或超商購買遊戲籌碼）或國際版，奧馬哈撲克則只有國際版（目前係在線上以信用卡購買遊戲籌碼）。

⑶一般程式開發者網站多設於賭博合法地區，如澳門、蒙地卡羅、新加坡及南韓賭場。

⑷活動型式為遊戲者與線上賭場業者提供之遊戲機臺伺服器[11]對賭，機臺預設的勝率太高，切勿沉迷，因為業者的大量利潤來自於「嗜賭成癮」的參與者（圖5-2）。

圖5-2　臉書主要營收來源之一的相容性附掛程式
圖片來源：臉書（face）網頁遊戲基地附掛程式。

2. 遊戲基地（遊戲應用程式庫）類群遊戲，滿足多元需求（圖5-3）。

圖5-3　遊戲基地內各類型的線上遊戲
圖片來源：臉書（face）網頁遊戲基地。

---

11 伺服器（Sever）通常以網路作為媒介，既可以通過內部網路對內提供服務，也可以通過網際網路對外提供服務，最大特點就是其強大的運算能力或是具備大量磁碟儲存空間的電腦。

(二)休閒元素（休閒類）

1. 生日提醒與禮物贈送。

2. 聊天室。

(三)休閒元素（遊憩類）

1. 圖片瀏覽。

2. 按「讚」（like與組圖）。

第三節　休閒元素在商業或社群網站之角色與價值

一、臉書上市（IPO）大吸金投資人搶進

　　全球社群網站龍頭——臉書週五於美國那斯達克證交所掛牌上市，由於先前首次公開募股（IPO, Initial Public Offerings）創紀錄，定價每股38美元上市，規模為美國股市史上第二高，公司市值飆升上1,042億美元，創辦人馬克·查克柏格身價跟著水漲船高，打敗Google兩位創辦人，名列全球第29大富豪。

　　臉書以每股38美元發行股票4.212億股，籌資160億美元，市值1,042億美元，約Google2,030億美元的一半，但遠遠比下網路競爭對手雅虎與Google當初掛牌情形。

——以上刊載自《自由時報》2012年5月19日上午4:32

　　雅虎1996年以每股13美元掛牌，發行260萬股，募資3,380萬美元，昨日雅虎股價為15.6美元。臉書之上市股價為雅虎的近3倍、募資為473倍。

　　由布林（Sergey Brin）與佩吉（Larry Page）創辦的Google，在2004年IPO掛牌價高達每股85美元，但只發行約1,960.5萬股，募資16.7億美元，2012年Google股價為619.5美元（2012/05/18），臉書的募資規模為Google的10倍。2013/11/07 Google股價為1021.5美元。

二、亞馬遜（Amazon）網路書店開賣遊戲APP後之業績

㈠電子商務時期

1. 財經投資：網路可能性的探索者，虧損之神亞馬遜（Amazon）。

2. 2006年11月，Google公司以16.5億美元收購了YouTube，並把其當做一間子公司來經營。在各界幾乎認定Google旗下YouTube將以10億美元買下遊戲影音串流服務Twitch[12]之時，沒想到這個熱門的遊戲直播平臺最終竟以9.7億美元嫁入亞馬遜（Amazon）網路書店（圖5-4）。

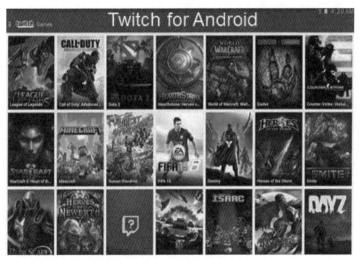

圖5-4 Twitch在手機載具（不含蘋果機）提供的遊戲
圖片來源：https://chinese.engadget.com/chinese-2015-12-05。

3. Twitch執行長Emmett Shear在美國時間2014年8月25日於自家網站宣布，正式被電商龍頭亞馬遜所收購。

4. 亞馬遜（Amazon）網路書店在2014年5月12日股價為US$297.62，收購Twitch後，到了2017年5月12日股價漲到US$961.35。

㈡網路平臺電子商務時期

Amazon apps, Google play與Apple store成為世界三大虛擬應用程式網路平臺商（圖5-5）。

---

[12] Twitch是遊戲影音串流平臺，供遊戲玩家進行遊戲實況、螢幕分享或者供遊戲賽事轉播。

圖5-5　世界三大虛擬應用程式平臺商
圖片來源：作者截圖製作。

三、Disney購併皮克斯動畫工作室（Pixar Animation Studios）與漫威漫畫（Marvel Comics）

㈠Disney購併皮克斯動畫工作室

1. 1986年，蘋果公司聯合速食遊戲史提夫‧賈伯斯（Steve Jobs）收購了喬治‧盧卡斯（George Lucas）的電腦動畫部，成立了皮克斯動畫工作室。

2. 2006年，皮克斯被迪士尼以74億美元收購，成為華特迪士尼公司的一部分，賈伯斯亦因此成為迪士尼的最大個人股東。

3. 皮克斯動畫工作室加入華特迪士尼影業（Walt Disney Studios）前後共製作了「十九部超經典的皮克斯動畫」，如玩具總動員、2、3（Toy Story, 2, 3），蟲蟲危機（A Bug's Life），怪物電力公司（Monsters, Inc.），海底總動員、2（Finding Nemo, Finding Dory），超人特攻隊（The Incredibles），汽車總動員、世界大賽、閃電再起（Cars, 2, 3），腦筋急轉彎（Inside Out）等。

㈡Disney購併漫威漫畫[13]

1. 漫威漫畫，是一家美國的漫畫公司，由漫威娛樂所持有，而漫威娛樂在2009年後成為華特迪士尼公司的子公司。

2. 2008年起，漫威工作室開始拍攝漫威電影宇宙系列，將漫畫中的故事搬上螢幕，2015年漫威工作室成為華特迪士尼影業集團的子公司。

---

[13] 華特迪士尼公司旗下機構，總部前董事長為史丹‧李（Stan Lee）猶太裔美國漫畫編輯、演員、製作人、出版人、電視名人，前漫威漫畫負責人。

四、谷歌（Google）的AI軟體（件）商品人工智慧與高智慧（商）人類之競技

(一)谷歌（Google）的AI軟體（件）商品

1. 「Cloud雲端」和「AI人工智慧」是谷歌（Google）入藍海市場的「倚天劍」和「屠龍刀」，尋常商家沒有「葵花寶典」加持，很難與其爭鋒。

2. 藉著併吞（購）與研發，不斷推陳出新是企業永續獲利的藍海策略。

(二)人工智慧與智慧人類之競技：電腦始終勝過人腦

1. 西洋棋世紀之戰：俄羅斯棋王卡斯巴羅夫（Garry Kasparov）與微軟深藍（Deep Blue）AI學習型軟體之戰。

2. 圍棋世紀之戰：南韓棋王李世乭（ㄉㄨˋ）與Google Alpha Go AI學習型軟體之戰，棋王連敗三場後終獲一勝，五戰後結束比賽，此戰役後不久，棋王引退。

3. 之後，Alpha Go化名大師（Master）與中、日、韓頂尖棋手群鏖戰，未嘗一敗。

第四節　線上遊戲概觀

一、國內博弈遊戲

(一)麻將與其他流行撲克牌遊戲

1. 多樣麻將（16張臺灣、13張香港及廣東麻將）遊戲，簡單易上手且強調無須下載大量遊戲程式。

2. 大老二（步步高陞）、13支（羅宋）、接龍（排7）等撲克遊戲皆是坊間市井小民耳熟能詳的紙牌遊戲，共通特色是提供程式平臺由遊戲者間互賭，業者之利潤來自於「聚沙成塔」。

(二)博弈遊戲平臺提供的業者之利潤

1. 業者之誘餌：網站入口網頁定時定期發放基本賭金、獎勵金或紅利，

吸引參與遊戲。

2. 業者之交易通路，透過：

　　⑴流通業之大賣場或便利店代售遊戲點數卡，

　　⑵通訊業者以電話或手機門號的小額付費購買遊戲點數，

　　⑶透過信用卡發行公司網路刷卡授權，以信用卡付費購買遊戲點數。

3. 業者之酬賞激勵：兌換虛擬或實物獎品及在預開的金融帳戶中匯兌。

⑶前有鈊象電子，今有老子有錢的線上博弈遊戲擂場

1. 鈊象電子[14]（3293）簡稱IGS，是臺灣一家電子遊戲公司，投入線上博
弈生意，與澳洲博弈公司Aristocratc合作（2015年），推升股價（半年
80元到322元），2017年6月27日分手後以自有商品「金猴爺」推出，
此後，所有新推出遊戲皆以「金」爲開頭命名。

2. 經營國內線上博弈遊戲「老子有錢Online」的向上國際科技，藉線上
博弈遊戲大發利市，向上公司在2009年以資本額新臺幣50萬元起家，
2011年推出「老子有錢」，找來豬哥亮等知名藝人代言後，快速在國
內的線上博弈市場崛起，資本從2016年快速從三千萬元，數倍爆增至
5.3億元。

二、臺灣的科技硬體與軟體

㈠科技硬體

1. 臺灣積體電路（TSMC）的晶圓、晶片半導體（semiconductor），製
造過程需使用大量能源與水資源並產生環境汙染的氰化物。

2. 鴻海的AI小恐龍Pleo[15]：學習型機器寵物（AI Pets），稱不上機器
人，下場有如飼養電子雞（Tamagotchi）[16]，無法升級（圖5-6、
5-7）。

---

[14] 曾售吃角子老虎機與銘傳大學休憩系楊知義老師，當時該公司剛開始自行研發線上博弈，趣味性不
足，接受建議，先尋求與外商合作累積Know How。

[15] 會互動的電子小恐龍，有學習功能，鴻海生產。

[16] 塔麻可吉是萬代於1996年11月23日推出的一種掌上電子寵物，由橫井昭裕與真板亞紀於1996年發
明。

圖5-6 鴻海製造的AI電子小恐龍Pleo玩具
圖片來源：蝦皮購物。

圖5-7 90年代流行一時的電子雞
圖片來源：維基百科。

(二)科技軟體

1. 廣達電腦股份有限公司（Quanta Computer Inc.）的伺服器（Servers）：有內建式軟體，可以透過網路雲端存取數位化資料[17]。
2. 遊戲封裝軟體與線上遊戲軟體：大宇資訊的「仙劍奇俠傳」光碟與線上遊戲「仙劍奇俠傳——幻離鏡」。

---

17 臉書的數位化資料多儲存於桃園市華亞科學園區內廣達電腦廠。

三、線上遊戲型休閒市場的大贏家

㈠遊戲開發商

　　大宇資訊，成立於1988年4月27日，以該公司所設計、研發的中文版個人電腦遊戲為主要業務，曾經推出多款角色扮演遊戲與益智模擬遊戲，包括仙劍奇俠傳系列、軒轅劍系列、天使帝國系列、大富翁系列、明星志願系列等著名遊戲。但直到2006年該公司才開始研發線上遊戲，一如諾基亞公司（Nokia Corporation）未搶得智慧型手機市場一樣，洞悉科技市場的前景，尤其是系統軟體的發展，才能得到錢景與達成願景。

㈡遊戲平臺商

　　網路虛擬社群與應用程式平臺商，眾商雲集於世界線上遊戲型休閒市場的大贏家有四，皆在美國，為臉書、谷歌遊戲、蘋果線上商店與亞馬遜應用商店（圖5-8）。

圖5-8　線上遊戲型休閒市場的四大贏家
圖片來源：作者製作。

問題及思考

1. 社群（交）網站「臉書」吸引客戶之處為何？
2. 現代大企業快速成長靠的是何種經營策略？
3. 企業家致富捷徑為何？
4. 臺灣的本土企業「大宇資訊」為何要從設計封裝軟體遊戲轉型為開發網路線上遊戲的廠商？

第六章 樂透彩票（券）概述（基諾遊戲實務）

Chapter 6　An Introduction to Lotteries (Keno Operations)

學習重點

➤ 認識樂透彩票博弈活動之歷史沿革。

➤ 知道樂透彩票之種類、玩法、兌獎及獎金分配。

➤ 熟悉臺灣彩券行之投資與經營管理。

➤ 了解樂透彩票遊戲的特性與彩券產業之前景。

第一節　樂透彩票的發展沿革

一、人類早期的彩券史

　　根據史書記載，在凱撒大帝（Gaius Julius Caesar）[1]統治古羅馬帝國時期，為了修葺遭戰火破壞的城市，因而發行彩券以籌措重建資金。

(一)樂透彩票的由來

1. 現代樂透彩票的始祖可追溯到五百多年前1420年代的法國，歷史學家認為是法蘭西斯一世（King Francis I）[2]發行的。

2. 1530s年代此股彩票熱襲捲義大利的佛羅倫斯（Firenze）、威尼斯（Venice / Venezia）、然後到熱那亞（Genoa）演變成九十選五的遊戲，發行大獲成功，並風行於歐洲各國。

3. 1566年，英國女王伊莉莎白一世[3]為籌措建軍經費，開始發行樂透彩票

1　凱撒還是第一個跨過萊茵河進攻日爾曼（德國）與跨海進攻不列顛（英國）的羅馬人。
2　一位具有人文主義思想的國王，1515年～1547年在位。統治時期，法國的文化空前繁榮。
3　Elizabeth I（1533年～1603年），終生未婚，因此有「童貞女王」（The Virgin Queen）之稱。

並用此盈餘建立強大的海軍打敗西班牙的無敵艦隊（1588年），從此海上通行無阻，打造了日不落帝國。

4. 1776年新大陸國會發行獨立戰爭彩票，與1811年麻州哈佛學院[4]發行建校彩票，1814年美國紐澤西州政府發行皇后學院（Queen's College）[5]建校樂透彩票，皆為了籌措建設經費，事實上位於紐約市曼哈頓島的哥倫比亞大學之前身國王學院（King's College）也曾為了建校經費而發行彩券（圖6-1、6-2、6-3）。

圖6-1 1776年11月新大陸國會在現賓夕法尼亞州費城發行的獨立戰爭彩票
資料來源：維基百科。

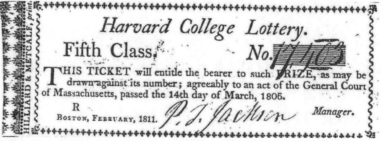

圖6-2 美國麻州波士頓哈佛學院（現為大學）1811年2月發行的建校彩票
資料來源：維基百科。

---

4 現今的哈佛大學，常春藤盟校。
5 現今的羅格斯大學（Rutgers University），是紐澤西州規模最大的高等學府，常春藤盟校。

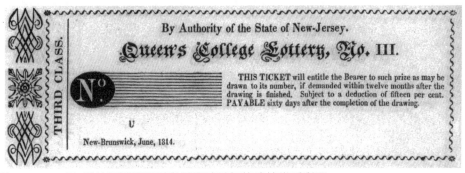

圖6-3　1814年6月美國紐澤西州皇后學院發行的建校樂透彩票
資料來源：維基百科。

5. 在明、清之際，民間流行一種「白鴿票」的遊戲，它是一種從『幼學
   千字文』中選80字的樂透彩券遊戲（圖6-4）（現代基諾遊戲前身）。
   《千字文》前20句（每句4字）共80個字，當中選出20個字作謎底，讓
   購買彩票者下注猜謎底，若只猜對4個字以下則賭注全部歸莊家。澳門
   榮興彩票公司也曾發行過每15分鐘開獎一次的「白鴿票」，現在則以
   電腦型白鴿票彩券方式發行。

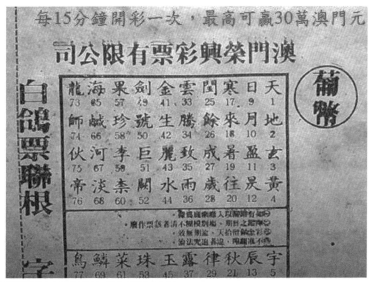

圖6-4　澳門榮興彩票發行的「白鴿票彩券」。
資料來源：楊知義、賴宏昇（2020）《博弈活動概論》，p.70。

㈡現代樂透彩券之發展

1. 現代社會靠樂透彩票籌錢，大多是為了用在國民義務教育之經費[6]，此並會在彩券發行的法令條文中明文敘述。

2. 到1999年，美國有38個州及哥倫比亞特區允許發行樂透彩券，粗估一年的毛收益（gross revenue）約為366.7億美金。

3. 紐約州的彩券收益，依據法律全部須用在義務教育經費上，公立中小學生有免費校車與營養午餐供應，冬天即使遭遇極大風雪時，學校並不停課，主要是讓生長在清寒家庭的學生們可以到學校享用豐盛午餐與暖氣。

㈢樂透彩券的中獎勝率

1. 樂透彩券之獎金一般只有50%分配給中獎者，是所有博弈遊戲活動中玩家勝率最低的，因為賽馬遊戲活動投注的勝率約75～85%，博弈娛樂場之博弈遊戲活動的勝率約80～90%。

2. 2016年1月13日美國威力彩（Powerball）開出世界上最大金額的頭獎，累積的彩金[7]約為535億元新臺幣，每張威力球彩票的售價為兩美元（約合60元新臺幣）。

3. 歐美各國每期巨額彩金的頭獎得主在欣喜之餘並組成中獎者俱樂部，常不定期舉辦餐宴聚集歡慶，臺灣頭彩得主則多不願公開其身分。

二、臺灣彩券的發展史

㈠愛國獎券

1. 1950年國民黨政府因戰亂播遷到臺灣，為安置大量隨其而來中國大陸各省各地的軍民，在財政窘迫下，政府尋找開拓新的財源，愛國獎券於是應時而生，第一期愛國獎券正式發行於1950年4月11日，每張購買金額為新臺幣15元，該期最高獎金為新臺幣20萬元，足以在當時的臺

6　一般為每一元中的5角錢收取用在義務教育經費上，項目尚有免費課本書籍等。

7　多期未開出的頭獎彩金累積而成。

北市鬧區買下一棟三層樓高的透天厝（洋樓），後因銷售量較低，獎券面額改為5元。

2. 1982年的第1,000期紀念愛國獎券發行整數里程，將每張售價增為100元（原為50元），第一特獎高達1,000萬元。

3. 愛國獎券是1950年代至1980年代，由臺灣省政府為緩解財政困難而發行的彩券，發行單位為當時代行中央銀行職權的臺灣銀行。愛國獎券在臺灣存在了37年，共發行了1,171期（圖6-5）。

圖6-5　臺灣銀行發行之第一與最後一期愛國獎券

資料來源：楊知義、賴宏昇（2020）《博弈活動概論》，p.72。

4. 1980年代中期後，依附於愛國獎券每期開獎結果而衍生的賭博方式「大家樂」[8]遊戲在民間盛行，基層社會民眾如著魔般風靡，嚴重影響社會風氣與秩序[9]，1987年12月27日，臺灣省政府想要斬草除根，由主席邱創煥宣布暫停發行，愛國獎券從此成為歷史名詞，而省政府也因此少了一筆重大的財源收入。

8　愛國獎券最小獎為兩個數字，共開出3組號碼，大家樂遊戲買中者可得30倍投注金的彩金，莊家（組頭）等同賺1成。

9　赴地方宮廟或神壇祭拜以求取開獎明牌神跡。

(二)第一代臺灣彩券（公益彩券）

1. 少了銷售愛國獎券的財源，許多的地方建設工程，因缺少補助款難以推動，有些縣市首長動腦筋到地方自行發行樂透彩券以籌措財源，引起中央與地方財政劃分權的爭議，中央政府索性決定由財政部官方重新發行樂透彩券。

2. 第一代臺灣彩券係以提升社會福利為主要目的，每五年更換發行業者，從第二標起，改成每七年更換發行業者，由財政部指定臺灣銀行先發行二年，臺灣銀行從1999年12月1日開始發行公益彩券，每張售價為新臺幣100元，每月的月底開獎，當時因為缺少電腦彩券銷售與開獎專業人才與技術，只有提供刮刮樂與數字對獎（原愛國獎券開獎方式）的商品販售（圖6-6）。

圖6-6　1999-2001年發行的臺灣銀行公益彩券共24期
資料來源：楊知義、賴宏昇（2020）《博弈活動概論》，p.73。

3. 臺北銀行（前身為臺北市銀行）於2002年接續發行，2005年1月1日臺北銀行與富邦商業銀行合併為臺北富邦銀行，繼續發行電腦彩券和立即型彩券（刮刮樂）等樂透彩券發行五年總銷售金額約4,055億元，負責業務的主管為當時的副總經理楊瑞東先生（圖6-7）。

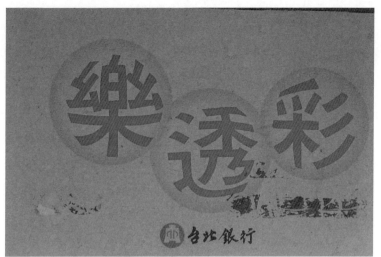

圖6-7　臺北銀行於2002年接續發行電腦彩券和立即型彩券（刮刮樂）
資料來源：維基百科。

(三)第二代臺灣彩券類型及遊戲規則

1. 2007年彩券經營權易主，臺北富邦銀行在財政部招標案（第二標彩券發行權）中失利，交棒給中國信託商業銀行，官方名稱仍稱為「中華民國公益彩券」，並沿用公益彩券的心形標誌。

2. 中國信託商業銀行從2007年開始發行彩券，此稱第二代公益彩券（臺灣彩券），臺灣彩券公司每年要付給財政部的權利金約為20.868億，7年共146億。2007年的營業目標訂為800～1,000億元，與臺北富邦銀行過去的每年營業總額約700億元[10]，有段不小的差距，在當時因為臺灣彩券銷售的專業知識與技術尚未完全成熟，堪稱任務艱鉅（圖6-8）。

3. 2009年7月，行政院體育委員會為籌措全民運動推廣基金公布施行《運動彩券發行條例》，發行機構為遴選產生，臺北富邦商業銀行首獲發行權（2008年5月至2013年12月），但因諸多艱難挑戰，經營不善，不

---

[10] 2002年總銷售金額達990.7億元，2003年801.8億元，2004年864.0億元，2005年718.9億元，2006年約680億元。

圖6-8　第二代公益彩券（臺灣彩券）
資料來源：楊知義、賴宏昇（2020）《博弈活動概論》，p.74。

堪虧損累累，由電子業「威剛科技公司」[11] 接續發行（2014年1月1日迄今）。

㈣ 公益彩券的銷售與盈餘

　　在世界上許多國家都把彩券視為一種極為普遍的娛樂，也視為一種重要產業在經營。根據統計，目前全世界有89個國家，約兩百多個發行機構發行彩券，其中亞洲有13個國家發行，彩券之普遍性可見一般，因為此為政府最易籌措財源的管道。

　　根據臺北富邦銀行統計，至2005年9月底，四年（2002～2005）來公益彩券盈餘已累積達928億餘元，多用以挹注國民年金、全民健康保險與各縣市地方政府之社福措施。

　　財政部指出公益彩券的銷售金額有增加趨勢，如2012年銷售總金額達1,052.46億元，比2011年的899.54億元成長11.7%；扣除彩券的中獎獎金、刮刮樂及中信銀的發行費用後，盈餘分配在2011年為234.58億元，

---

11 威剛科技股份有限公司（A-Data Technology），是一家製造記憶體模組與3C產品的廠商。

2012年增爲272.11億元，成長11.6%。

第二節　樂透彩券（票）的介紹

一、樂透彩券的本質

易於購買、遊戲規則簡單、投注價格低廉是其特色。中獎或然率低（購買者難生僥倖之心）、但頭獎金額可逐期累積成天文數字大獎（可萌生碰碰運氣之心）。

由政府機構發行或外包委託私人企業代爲經營，扣除中獎彩金部分（一般訂定在總投注金額的52～60%）之盈餘，多充作義務教育或少數充作社會福利基金專款使用。除最小的尾獎／幸運獎爲固定金額外，其他獎項之獎金皆由該獎項所有中獎人均分（pari-mutuel），故中獎彩金會時多時少。

二、電腦型彩券

樂透彩票博弈活動之種類：又分挑選號碼（六合彩、樂合彩、四星彩與3星彩）的搖獎開彩及立即／刮刮樂兩大類。搖獎開彩球之號碼庫可從32組38、40組（小樂透）到49、84組（大樂透）皆可，號碼組數越多中大獎機率則越低。說明如下：

(一)6/38樂透彩

1. 1～38個號碼，任選6個投注號碼。

2. 獎金分配

　(1)「總獎金」係當期總投注金額（銷售數總金額）乘以總獎金率得之。

　(2)「總獎金率」訂爲57%（大樂透）58%（樂透彩）。

　(3)樂透彩普獎每注獎金爲新臺幣200元。

　(4)大樂透陸獎及普獎採用固定獎額方式分配，陸獎每注獎金爲新臺幣1,000元，普獎每注獎金爲新臺幣400元。

㈡6/49大樂透（圖6-9）

1. 1～49個號碼，任選6個投注號碼，
2. 投注金額及大獎機率
   ⑴臺灣一注NT$50，美國一注US$1（約NT$33）
   ⑵49個號碼大樂透中頭獎機率為「1/13, 983,816」，即6/49 × 5/48 × 4/47 × 3/46 × 2/45 × 1/44。
   ⑶49個號碼樂合彩中獎機率稍高，5合為「317,814」，4合為「14,124」，當然中獎機率越高，獎金金額就越低。

圖6-9　6/49大樂透彩券

資料來源：楊知義、賴宏昇（2020）《博弈活動概論》，p.77。

㈢今彩539（圖6-10）

1. 週一到週五每天開獎是其特色。
2. 祇選五個號碼，故中獎機率相對較其他類挑選號碼彩券稍微高一點，約為575,757分之1。
3. 頭獎最高8百萬元，但頭獎部分最高只支出2千4百萬元，若超過三人以上對中頭獎，則由這群人均分2千4百萬元。

圖6-10　今彩539彩券

資料來源：楊知義、賴宏昇（2020）《博弈活動概論》，p.77。

㈣樂合彩（38, 49, 39）（圖6-11）

　　「樂合彩」係依附大樂透、威力彩與今彩539彩票之開獎號碼（不含特別號），但是可以只選2個號碼、3個號碼、4個號碼或5個號碼（只有威力彩有此五合的玩法）來投注，所選的2、3、4或5個號碼，如完全對中開獎當日開出各類彩票的獎號，即為中獎，並可依遊戲規定兌領定額獎金。

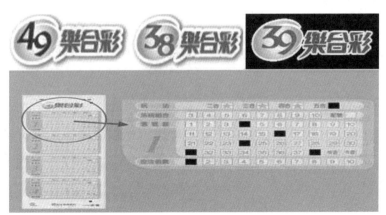

圖6-11　49、38、39樂合彩的投注單

資料來源：楊知義、賴宏昇（2020）《博弈活動概論》，p.78。

　　3星彩是一種三位數字遊戲（佰、拾、個位數），從000～999中選出一組三位數，選擇玩法（分為正彩、組彩或對彩）進行投注；4星彩是一種四位數字遊戲（仟、佰、拾、個位數），從0000～9999中選出一組四位數，選擇玩法（分為正彩、組彩）進行投注，正彩只有一種，組彩或對彩則有數種中獎方式（圖6-12）。

圖6-12　49、38、39樂合彩、3星彩與4星彩券
資料來源：楊知義、賴宏昇（2020）《博弈活動概論》，p.79。

㈥大福彩

　　大福彩是一種樂透型遊戲，從01～40中任選七個號碼進行投注，每注新臺幣100元。開獎時隨機開出七個號碼，這組號碼就是該期大福彩的中獎號碼，中頭獎的機率雖低於大樂透，但有保證頭獎彩金1億元，惟目前因為銷售成績不理想[12]，頭獎的金額累積慢，已於2019年4月27日停止發行（圖6-13）。

---

[12] 彩券面額與威力彩一樣為100元，是大樂透樂兩倍，不符合電腦彩券面額低與累積獎金高的兩大暢銷原則。

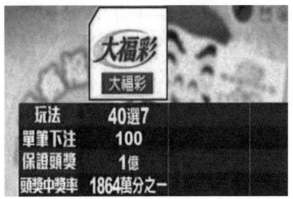

圖6-13　大福彩的玩法與頭獎中獎機率
圖片來源：楊知義、賴宏昇（2020）《博弈活動概論》，p.80。

㈦威力彩

　　威力彩是臺灣彩券公司推出之挑選號碼類之彩票，共分兩區挑選號碼，第1區有38個數字，任選六個數字；第2區有8個數字，任選一個數字，搖彩時亦分組開出，兩區所有七個數字須完全相符才視為對中頭獎（圖6-14）。

圖6-14　消費者連買5期的臺彩公司威力彩券
資料來源：楊知義、賴宏昇（2020）《博弈活動概論》，p.80。

本類彩券中獎機率較49大樂透（1/1千4百萬）與大福彩（1/1千8百64萬）更低，頭獎中獎機率為兩千兩百萬分之一，但仍遠高過於美國、歐洲及澳洲同類型的電腦彩券，發行後曾經連11次均未開出頭獎。

㈧雙贏彩（圖6-15、6-16）

雙贏彩是一種樂透型遊戲，是臺彩公司自行研發的電腦遊戲產品，從01～24的號碼中任選12個號碼進行投注。開獎時，開獎單位隨機開出12個號碼，就是該期雙贏彩的中獎號碼，也稱為「獎號」。12個選號如果全部對中當期開出之12個號碼，或者全部未對中，都是中頭獎，獎金1,500萬元。雙贏彩所有獎項皆為固定獎項。只有頭獎與二獎金額有均分的特例[13]，雙贏彩頭獎與二獎有最高金額均分限制的起因是，2018年6月4日開獎的12個獎號中有11個號碼是開雙數，結果全數簽單或雙的投注者還不少，共有32,407注[14]，皆得二獎，臺灣彩券公司當期慘賠，故立即開會修改遊戲規則以避免再遭大虧損悲劇。

圖6-15　臺灣彩券公司「雙贏彩」上市說明會
資料來源：楊知義、賴宏昇（2020）《博弈活動概論》，p.81。

---

[13] 頭獎總額超過新臺幣4,500萬元時，頭獎獎額之獎金分配方式改為均分制，由所有頭獎中獎人依其中獎注數均分新臺幣4,500萬元，貳獎總額超過新臺幣2,000萬元時，貳獎獎額之獎金分配方式改為均分制。

[14] 因為非分享總獎金，屬定額10萬元獎金，僅2獎就支付了32億多元。

休閒與流行文化

「雙贏彩」遊戲介紹

發行日期	107年4月23日（一）	
單注售價	50元	
開獎日	每週一～週六	
玩法	從01～24中任選12個號碼	
獎金分配方式		
獎項	對中獎號數	每注獎金
頭獎	12個或0個	1,500萬元
貳獎	11個或1個	10萬元
參獎	10個或2個	500元
肆獎	9個或3個	100元

註：每期頭獎總獎金上限4,500萬元，如單期頭獎中獎注數超過3注，則由當期所有頭獎中獎人依頭獎中獎注數均分。　　　　　資料來源：台灣彩券公司

圖6-16　雙贏彩遊戲的內容介紹

資料來源：楊知義、賴宏昇（2020）《博弈活動概論》，p.82。

㈨樂線九宮格

這也是臺彩公司純自行開發的彩券，分9個宮區，每區四選一開出獎球，因為小區的球少，難以防弊，虧損幾次後，很快就下市了

三、立即型彩券

立即／刮刮樂類則按設定中獎機率金額發行一定數量之刮獎彩票，玩法很多樣化，而投注彩券的面額可大可小，臺灣地區發行的刮刮樂彩券銷售面額從新臺幣50元到2,000元不等，中獎與否隨即揭曉。數年前，臺彩公司在立即型彩券區塊增加發行每分鐘開獎乙次的「賓果賓果遊戲」[15] 電腦型彩券，拜超級電腦之賜，成功的創造出很好業績，但此舉如同在利基市場（niche market）不斷地挖金礦，恐怕有財源枯竭之時。兩類立即型彩券說明如次：

---

[15] 澳門特別行政區稱之為「白鴿票」，每15分鐘開獎乙次；很多國家稱之為「基諾」（KENO），每天晚上開獎乙次，都是電腦型彩券。

1. 臺北銀行時代曾經發行過50元刮刮樂彩券，臺灣彩券公司則從未發行過此種面額刮刮樂（圖6-17）。

圖6-17　臺北銀行曾經發行過50元刮刮樂彩券
資料來源：楊知義、賴宏昇（2020）《博弈活動概論》，p.83。

2. 100元、200元、300元、500元刮刮樂，面額100元的刮刮樂，頭獎金額分為30萬元、50萬元、70萬元、80萬元與100萬元不等，面額200元以上的刮刮樂，頭獎金額皆為面額的1萬倍，也就是200萬元、300萬元與500萬元。

3. 1,000元、2,000元面額的刮刮樂，原為慶祝傳統農曆新年而發行，因為銷售量佳（華人喜好賭大的），面額1,000元（頭獎1,200萬，面額1.2萬倍），面額2,000元（頭獎2,600萬，面額1.3萬倍），吸引市井小民除夕夜起，傾囊搶購，發行商大賺紅包財，故現在即使在一般的日子，面額1,000元的刮刮樂也上架販售（圖6-18）。

圖6-18　臺灣彩券公司發行的各種面額刮刮樂
資料來源：楊知義、賴宏昇（2020）《博弈活動概論》，p.83。

4. 臺灣的刮刮樂彩券皆係委由加拿大的印刷公司pollard banknote limited
印製，除了鍍膜下防偽的3個英文字曾被不肖業者破解過，在改善後，
市場風評甚佳。

（二）賓果賓果（bingo bingo）（每注25元，每五分鐘開獎1次）

1. 「BINGO BINGO」，賓果賓果遊戲是臺灣彩券公司模倣博弈娛樂場區
內提供的全區型「KENO」[16] 遊戲與香港、澳門「白鴿票」[17] 遊戲類
似的升級版電腦型彩券遊戲，是一種每五分鐘開獎一次的超級電腦開
獎的電腦彩券遊戲。電腦選號範圍為01～80，可以任意選擇玩1～10個
號碼的玩法（稱為「1星」、「2星」、「3星」……、「10星」），或
者加碼選「超級獎號」、「大小」或「單雙」等加倍彩金之附加玩法

---

16 電腦型基諾遊戲在美國首由奧勒岡州嘗試發行（現在進步到每4分鐘開獎乙次），1992年11月加州彩
　券局開始發行每5分鐘開獎乙次的基諾電腦型彩券。
17 文人早年有云：「三鳥害人鴉、雀、鴿」，指的是鴉片、麻將與白鴿票。

（每種玩法皆為金額加倍投注），每次開獎時，電腦系統將隨機開出20個獎號，買家可以透過投注站的電視螢幕即時觀賞開獎的過程，同時依選擇的玩法和選號進行對獎。

2. 每注售價為新臺幣25元，每5分鐘開獎一次，如買家的選號符合規則中任何一種中獎情形，即為中獎，可立即兌領獎金，所有獎項皆為固定的獎額（圖6-19）。

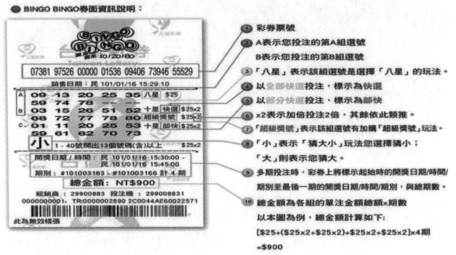

圖6-19　「BINGO BINGO賓果賓果」電腦彩券遊戲投注說明
資料來源：楊知義、賴宏昇（2020）《博弈活動概論》，p.84。

第三節　臺灣彩券行之投資與經營管理

一、公益彩券經銷商遴選及管理要點

(一)經銷商遴選資格：具有工作能力之

1. 身心障礙者，
2. 原住民，或
3. 低收入單親家庭。

(二)電腦型彩券經銷商：

電腦型彩券經銷商需經遴選及建置，訂定有月銷售額標準，區分為總

金額新臺幣40萬元、30萬元的二級與偏遠地區的10萬元與3萬元等級（部分離島）。

㈢立即型彩券經銷商：

　　經發行商審查後，具有工作能力且面試合格者，發給立即型彩券（刮刮樂）經銷證。

㈣商營公益彩券，租牌也行（兼營社區服務虛擬／實體商店），目前（2019年9月）共有：

1. 立即型彩券經銷商：男性19,774人、女性17,107人，合計共有36,881人。

2. 電腦型彩券經銷商：男性3,178人、女性2,399人，合計共有5,577人（圖6-20）。

新舊彩券經銷商營運比較		第4屆 （2014年開始營業）	第3屆 （現有經銷商）
租牌 行情	都會區租牌月租金	1.5萬元至2萬元	7,000元至1萬元
	都會區最熱鬧的商圈 租牌月租金	5萬元以上	2萬至2.5萬元
	非都會區租牌月租金	1萬元	5,000元至7,000元
經銷商自行開店成本		40~50萬元	30~40萬元
彩券經銷商家數		5,800家 （5,100家已簽約）	約5,000家
彩券銷售年業績（不含運彩）		─ ─	今年預估1,200億元（中信銀接手時約600億元）

資料來源：經銷商、台灣彩券　　　　　　　製表：洪凱音

圖6-20　臺灣彩券商業經營租牌與開業成本的行情
資料來源：《中國時報》洪凱音，〈每月5萬，彩券行租牌價狂飆〉，2013-11-18。

㈤彩券行之經營管理

➤ 彩券行之投資項目與設備：

1. 合法登記之可使用空間需為三坪（含）以上，足以配合放置投注設備及指定之販售設備。

2. 裝潢設備20萬～30萬、招牌、櫃檯、桌椅、監視器、冷氣、招財用具、營業登記等。

3. 電腦設備約1～2萬、包牌軟體約2,000元、旗子數支、招牌、放選號單的投注單架數個、放刮刮樂的架子，給客戶參考的投注資訊（報紙、書刊等）開獎訊息影印、鉛筆、橡皮擦、紅包袋、A4紙張、糖果、茶水、獎品等，自製廣告促銷看板（圖6-21）。

圖6-21　空間需三坪以上，放置投注設備及指定之販售設備
資料來源：作者在林口家樂福賣場拍攝。

➤ 彩券行之營運成本與利潤概述：

1. 開一家五至六坪大的彩券行，建置成本約花費新臺幣50萬元，月營業總銷售金額約80萬元，才能夠損益平衡，臺灣彩券公司自行研發的「賓果賓果」遊戲占營業收入的比重高達五成。

2. 成本分析：借牌費用、房租、人事、裝潢與水電等雜支。

3. 電腦彩券的利潤是8%，賣一萬塊彩券賺800塊勞務報酬（commission），電腦彩券頭獎獎金累積越高，客人購買的金額就越多；刮刮樂彩券的頭獎中獎金額越高（乙張的勞務報酬是10%），銷售業績就越好。

➤ 臺灣彩券公司在協助建置彩券行時所提供之設施與服務：

1. 彩券投注機（市價約5萬）、列印投注彩券的機器、資訊顯示器、電視機（市價約1萬，投注賓果賓果開獎用）各乙臺。

2. 與臺灣彩券公司連線的網路費、中華電信設備費【包括1.ATU－R（ADSL）2.gatway、3G網卡3.STB路由器一臺】、電視廣告、熱感應紙卷、投注簽單、懸掛的吊飾、布旗（橫直皆有）、刮刮樂海報、新產品解說傳單。

3. 過年時的資金週轉（要準時還款）、教育訓練、網站上開獎資訊查詢、免費客服專線。

(六)彩券行營運：樂透彩券經銷商創新銷售手法

1. 老顧客貼心服務。

2. 自動化與自助化銷售（圖6-22、6-23）。

圖6-22　樂透彩券自動化與自助化銷售
資料來源：楊知義、賴宏昇（2020）《博弈活動概論》，p.88。

圖6-23　樂透彩券自動販賣機數位化銷售與條碼兌現（1 for 1,500）
資料來源：https://lotto.auzonet.com/forums/detail。

3. 優惠與優待預報。
4. 好康報馬仔公關服務。

第四節　公益彩券發行之前景

一、彩券發展未來趨勢

　　更多種玩法、更多重獎勵、更容易購買（more complicate, more easy）[18]、易累積更高的頭獎金額（圖6-24、6-25）。

二、開發新市場

㈠國民旅遊商品組合獎品化

　　銷售旅遊市場的替代商品或精緻國民旅遊的替代商品，如一泊一食（價值NT$5,000）或3N2D（兩個一泊一食的商品組合），迎賓車一日遊（1 Sedan Excursion，NT$5,000）。

---

18 使用自動販賣機、扭蛋機或互動式資訊服務機櫃（interactive kiosk）等銷售，獎金5,000元以下打印條碼小額兌獎機方便彩券顧客。

圖6-24 彩券發展未來趨勢：更多重獎勵
資料來源：楊知義、賴宏昇（2020）《博弈活動概論》，p.89。

圖6-25 彩券發展未來趨勢：更多種玩法、更多重中獎機會
資料來源：楊知義、賴宏昇（2020）《博弈活動概論》，p.89。

(二)全方位服務

　　經銷商實體店鋪提供自動連結免費WiFi，成立虛擬店面Line群組，招徠老（新）顧客並提供預售商品及全方位服務。發行公益貴賓卡（或聯名中信卡），現金儲值，累積兌換臺灣彩券周邊商品（logo撲克牌、原鄉手

工藝品等）。

㈢銷售通路多元化

透過互動式資訊服務機臺（Interactive Kiosk）[19]、條碼／儲值晶片卡（IC卡）、郵寄、傳真下注，網路（互聯網）線上刷卡、專人處理是電子或數位（碼）化商務漸進發展之對策。

三、樂透彩券經銷商創新銷售手法

提高公益彩券經銷商的專業與銷售能力，如：

㈠以禮接待顧客

1. 穿制服、常露微笑。
2. 常說「請」與「謝謝」。
3. 歡迎光臨、早、午、晚安適時問候。
4. 開獎揭示看板模組與電子化，資訊顯示網路化與同步化。

㈡執行專業與倫理

1. 善用專業工具（裁切刮刮樂彩券專用刀具、統一製作包裝用福袋等）。
2. 將CSR實踐在經銷商勞務群體（補助清寒員工勞健保費、超賣累積紅利回饋）
3. 以商圈（社區）為核心畫同心圓，周邊腹地圈為發展區，各個製訂經銷商設置家數上限，公開透明，對實體店的投資者來說，在心理上會較踏實。

問題及思考

1. 為何全球大多數的國家或地區都可以接受民眾參與樂透彩券之博弈遊戲？
2. 樂透彩券經銷商營運成功之前提為何？

---

[19] 便利超商也有各自的終電腦終端機系統，如ibon、Famiport、LifeET等。

3. 樂透彩券刮刮樂的銀漆塗層上之圖案常使用博弈娛樂場大廳的遊戲，原因為何？

4. 臺灣彩券公司自行開發的立即型電腦彩券遊戲「賓果賓果」是源於博弈娛樂場的那種遊戲或港澳地區的類似彩票遊戲？

第七章 博弈娛樂場遊戲：21點與百家樂實作

Chapter 7 Gambling Facilities & Activities at Casinos: Blackjack & Baccarat Operations

學習重點

➤ 認識現代博弈娛樂場（casinos）大廳內提供之設施及博弈活動（gambling activities）。

➤ 知道博弈娛樂場內桌上型遊戲21點與百家樂之規則／定。

➤ 瞭解博弈娛樂場內桌上型遊戲21點與百家樂之操作內容。

➤ 熟悉博弈娛樂場內桌上型遊戲21點與百家樂之操作實務。

第一節 博弈娛樂場（casinos）大廳內的遊戲（games）

一、桌上型遊戲

(一)博弈娛樂場／賭場[1]大廳—撲克區（Poker）

1. 21點（Blackjack）：又稱「黑傑克」，有一些類似中式的10點半遊戲，兩者皆有補或停牌及爆掉（busted）等規則（圖7-1）。

2. 百家樂（Baccarat）：遊戲節奏快，莊家優勢較小，規則簡單，閒家可享「睩牌與叫牌」的樂趣（圖7-2）。

1　早期華人社會多鄙視賭博行為，對地下經濟博弈活動之處稱作「賭場」，西風東漸，賭場負面社會觀感漸減，澳門地區咸稱之「娛樂場」。

2點賭區（pit）
及桌面（6人）

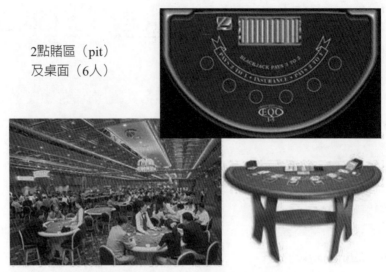

圖7-1　21點（Blackjack）遊戲6人桌面
圖片來源：楊知義、賴宏昇（2020）《博弈活動概論》，p.15。

圖7-2　百家樂（9人小桌）
圖片來源：楊知義、賴宏昇（2020）《博弈活動概論》，p.15。

3. 加勒比梭哈撲克（Caribbean Stud Poker）：風行於中南美洲加勒比海
島嶼國家的區域性遊戲，在遊戲桌臺電子化後現成娛樂場大廳熱門遊
戲（圖7-3）。

圖7-3　加勒比梭哈樸克之桌檯
圖片來源：楊知義、賴宏昇（2020）《博弈活動概論》，p.16。

4. 德州樸克（Texas Hold'em）：一種過程中需要鬥智與唬人技巧的多玩
家同時參與的博弈遊戲（圖7-4）。

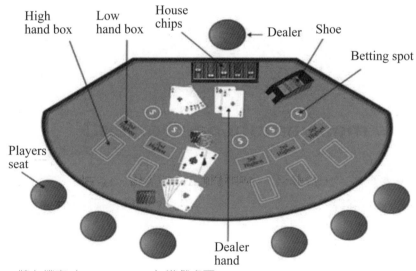

圖7-4　牌九樸克（Pai Gow Poker）遊戲桌面
圖片來源：楊知義、賴宏昇（2020）《博弈活動概論》，p.17。

5. 牌九樸克（Pai Gow Poker）：結合中式牌九（天九骨牌）與西式樸克
牌的新興博弈遊戲（圖7-5）。

圖7-5　德州撲克遊戲發牌員處理河牌（最後一輪決勝）階段
圖片來源：楊知義、賴宏昇（2020）《博弈活動概論》，p.16。

㈡輪盤（Roulette）

1. 法式輪盤（single zero French/European style roulette）：又稱歐式輪盤，轉盤上有標示0，1～36共37個數字格槽（圖7-6）。

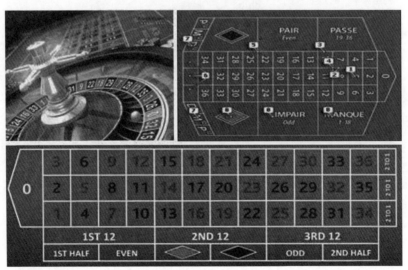

圖7-6　法式輪盤（French style roulette）
圖片來源：楊知義、賴宏昇（2020）《博弈活動概論》，p.17。

2. 美式輪盤（double zero American style roulette）轉盤上有標示0, 00，及1～36共38個數字格槽（圖7-7）。

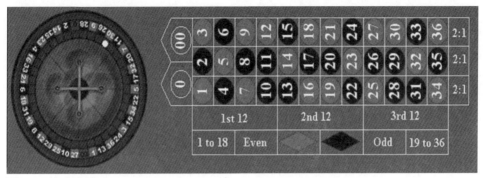

圖7-7 美式輪盤（American style roulette）
圖片來源：楊知義、賴宏昇（2020）《博弈活動概論》，p.18。

(三)骰寶（Sic Bo）與幸運輪（Wheels of Fortune）

1. 骰寶：骰寶是由三個骰子及一個骰盅所組成的一種骰子遊戲。遊戲的
   方式爲下注賭骰子的落點情況。每個骰子的編號由1到6，落點情況共
   有八種（8類組合）可供下注。最常見的賭注是買骰子點數的大小（總
   點數爲4至10稱作「小」，11至17爲「大」，圍骰3，18除外），故也
   常被稱爲買大小（Tai-Sai）（圖7-8）。

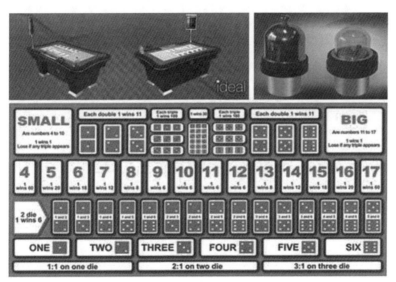

圖7-8 骰寶（Sic Bo）遊戲桌檯、桌布及骰盅
圖片來源：楊知義、賴宏昇（2020）《博弈活動概論》，p.19。

2. 幸運輪：玩法簡單，又名Big Six（桌布上共有6種倍數賠率可選），木製轉輪，直徑約180公分（6呎），分為9個區塊部分，每部分再分為6格，故共有54個大鐵釘分隔的格子。轉盤的上方有一個馬口鐵皮片，當幸運輪轉動時，鐵皮通過格子鐵釘會發出「呎、呎、呎、呎」的聲音，當轉輪因摩擦力而逐漸停下後，皮片會停在一個格子中，格子內的鈔票面額圖案即為中獎彩金。籌碼下注在印製有不同金額鈔票圖案的桌面上，莊家會依規則賠付中獎倍數之彩金。（圖7-9）

圖7-9　幸運輪（Wheels of Fortune）遊戲轉輪與桌檯
圖片來源：楊知義、賴宏昇（2020）《博弈活動概論》，p.19。

㈣賭場大廳-花旗骰子區（crap pits）

　　花旗骰又稱雙骰子，遊戲中只使用兩粒骰子，但操控桌檯遊戲的莊家倒是有四位之多，這是一種速度快，玩法多變的桌上遊戲，特色是閒家隨時可以下注玩。（圖7-10）。

二、電子機臺遊戲

　　拉霸／吃角子老虎機（slot machines）：早期多為個人操作單機臺，今日因為網路與電腦科技的結合，博弈娛樂場現行的吃角子老虎機多為以

圖7-10　花旗骰子／雙骰子遊戲區（crap pits）
圖片來源：楊知義、賴宏昇（2020）《博弈活動概論》，p.20。

投幣或下注金額為基準[2]的累積大獎連線彩金（progressive jackpot）的遊戲機臺，使用可以儲值與兌現的晶片貴賓（會員）卡，玩家無須投入硬幣，機臺中獎後也不吐幣，大獎的開出由電子隨機數字產生器（Random Number Generator, RNG）[3]決定（圖7-11）。

圖7-11　幸運輪連線吃角子老虎機
圖片來源：楊知義、賴宏昇（2020）《博弈活動概論》，p.21。

2　如以美金25分、1元或5元做等級機臺的連線累積彩金，或為全賭城，或為某大區域。
3　幸運號碼產生器，隨機抽選的數字決定開出的大獎。

三、基諾（keno）：80/20選號對彩遊戲。

　　屬於博弈娛樂場全區之遊戲（ARCADE GAMES），在1～80個號碼中任選1、2～或15個號碼，搖出20個號碼對獎，獎項爲設定的固定賠率金額（圖7-12）。

圖7-12　基諾（keno）電動／子機臺遊戲
圖片來源：楊知義、賴宏昇（2020）《博弈活動概論》，p.21。

第二節　博弈娛樂場內桌上型遊戲：21點與百家樂

一、21點遊戲

(一)認識21點（Blackjack）

　　每一家博弈娛樂場在21點遊戲規則內容都有其特殊規定，些許不同，但差異不大，隨著網路世界的線上博弈遊戲興起，玩家遍布全球，遊戲規則少了地區差異特性，更趨一致（圖7-13）。

圖7-13　21點之遊戲桌面

圖片來源：楊知義、賴宏昇（2020）《博弈活動概論》，p.173。

(二)21點遊戲桌面之動作

1. 莊家的動作

使用人工發牌器（牌盒）時，莊家一律以左手中指將撲克牌張從牌盒的出牌口（凹區）推出交由右手發牌，右手送牌張到桌布閒家已投注區時，藉拇指、食指與中指執行開牌動作（從暗到明牌），莊家與閒家在遊戲互動過程中，莊家「左手」常覆蓋在牌盒的出牌口，以避免牌張被替換情事，莊家發牌時尚須注意堆疊牌張之桌面美觀與直或橫發牌張的時機。

2. 閒家的動作

閒家入座後，每輪遊戲進行時，聽莊家指示或看手勢下注（籌碼）及收取贏注、賭倍加注、買保險（1/2加注金額在保險區），分牌加注（獲得兩張等值牌時）、給與補或停牌手勢，購買籌碼時在桌檯進行，但須等莊家完成每輪操作過程後。

(三)遊戲規則

1. 每張21點賭桌上都會有告示（notice）說明該桌檯之最大（maximum）及最小（minimum）下注金額之限制。

2. 莊家發牌後，閒家就不可再下注或變換下注金額，只有在賭倍（Double Downs）、分牌（Splits）及買保險（Insurance）動作時可以加注，在首發兩張牌後，莊家會適時告知閒家何時可以做以上三種情

況的選擇。

3. 每位閒家在得到莊家首發的兩張牌後，都可以有如下的選擇：要牌（hit）或不要牌（stand）、賭倍、分牌或買保險（投保莊家的牌組有機會是Blackjack）。

4. 莊家與閒家在完成所有的補牌程序後，若牌點皆未爆掉（busted），則莊與閒家比較持有之牌值，越接近21點者為勝出，除閒家首獲牌組（兩張）為Blackjack外，輸贏金額皆為一倍。

5. 莊家及閒家若牌點（值）一樣，稱作平手（push），沒有輸贏，遊戲閒家可以拿回自己所投注的籌碼。

(四)莊家操作程序

1. 扇牌（Fans）：21點遊戲戲使用6～8副撲克牌，莊家每次拆封新牌時都必須將牌張以紙扇形狀展開，此舉是容許閒家檢查是否其中有短少缺張[4]之情形，扇形畫面利於快速檢視。

2. 洗牌（Shuffle）：兩種情況須重新洗牌，一是拆封新牌後，將6～8副牌重新混合交錯整理後再放入牌盒，另一是遊戲發牌至黃色洌牌張[5]時，在該輪遊戲結束後，須將牌盒所有牌張取出並與之前使用過的牌張混合重新洗牌，在自動化洗牌機問世前，亦有電動洗牌器可供莊家使用。

3. 洌／切牌（Cut）：洗好牌後，裝家將「黃色」的切牌張交由任一位閒家切入牌龍中（約尾端的1/4處），之後再裝入牌盒。

4. 發牌（Deal）：將洗與洌好的牌張排置入牌盒後，莊家準備開始發牌，便可依序宣告：

   (1)先生女士們，請下注（Ladies and Gentlemen place your bets）。

   (2)請停止下注（No more bets）。

---

[4] 缺大牌對莊家有利，莊16點以下須強制補牌。

[5] 黃色PVC材質，洗牌完成交由任一位閒家來切牌，發到此切牌張時出示後置於桌面「籌碼盒」旁的右邊。

(3)從牌盒中移出首張牌並棄（燒）掉（burn down），置於棄牌盒中（只有重新洗牌後之第一次遊戲發牌時或換手（change）[6]後需要執行此動作），

(4)從左至右依序發牌給每位下注閒家，首發為兩輪。

5. 每局遊戲莊家在兩輪發牌後，所有人皆獲得持有兩張牌，閒家為兩張明牌（face up），莊家為一張明牌與一張暗牌（face down）。

6. 如果牌點為21點，即首獲的兩張牌組，有一張為Ace再搭配10、J、Q或K中的任一牌張，稱做Blackjack，是本遊戲最大的牌，閒家如果獲勝可贏得1.5倍之賠注。

7. 莊家每局操作皆由左自右處理（deal）遊戲牌張及收付（collect & pay）與退回（return）籌碼，直至遊戲結束。

8. 遊戲牌局中如有閒家獲得Blackjack，而莊家明牌為2點至9點，顯示無平手機會，則先賠付1.5倍籌碼並收取牌張；如閒家爆牌（busted），則先收取籌碼（第一動作）與爆掉的牌張（第二動作）。

9. 每牌局遊戲結束後，莊家由右至左收取所有桌面剩餘牌張後，牌面向下置於棄牌盒內。

10. 處理閒家的分牌：閒家的首發兩張牌如果牌值一樣，如兩張8點或兩張牌值10點的牌（10、J、Q、K），皆可選擇分牌或不分牌，分牌後變成新的兩注，再重做與其他注相同的處理程序，閒家還是可以選擇分牌、賭倍、要或停牌（圖7-14）。

11. 處理閒家一對Ace的分牌（split）：

(1)閒家如果拿一對Ace，可以選擇分或不分牌，若不分牌可以補或停牌甚至是賭倍。

(2)若選擇分牌，則莊家僅會「各補一張橫置明牌」之後停牌，若獲得10, J, Q, K的牌點，僅視為21點，非Blackjack，牌值（card value）小於Blackjack，亦無1.5倍之賠住。。

6　換另外一位發牌員接手後續的遊戲操作。

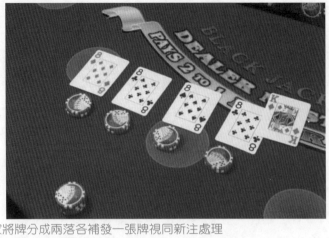

圖7-14　莊家將牌分成兩落各補發一張牌視同新注處理
圖片來源：楊知義、賴宏昇（2020）《博弈活動概論》，p.176。

⑶此時如果莊家拿到Blackjack，則莊贏；而如果莊家拿到21點，則兩
　　家平手。

12. 處理閒家賭倍後的補牌：閒家按照已投注籌碼數，等額加注（置於原
　　下注籌碼後方），莊家只補發一張橫置明牌（圖7-15）

圖7-15　閒家賭倍後，莊家只補發一張橫置明牌
圖片來源：楊知義、賴宏昇（2020）《博弈活動概論》，p.177。

㈤遊戲閒家動作

1. 買保險（Insurance）：

(1)當莊家持有之明牌爲Ace時，閒家就有選擇買莊家爲Blackjack保險之權利，也就是說莊家的暗牌若爲10、J、Q、K時，閒家下注買了保險就可獲得兩倍的賠注。

(2)買保險的金額一般爲原下注額的1/2或相同金額，但有些博弈娛樂場允許買少於下注額之一半金額之保險。

(3)莊家是Blackjack的機率是4/13，不到1/3，但只賠兩倍，所以不建議買保險，除非前幾局出現的牌張多爲A～9的牌張。

(4)莊家於掀開暗牌後，視Blackjack與否，立即處理閒家買保險之籌碼。

2. 要牌／停牌（Hit/Stand）：

(1)閒家可以在點數爆掉前（busted，小於21點）以比手勢要牌（手指輕敲桌面兩下表示請補牌），指示莊家要求補牌（張數不限），或停牌（搖搖手掌／心表示不要補牌）。

(2)莊家在依序處理所有閒家補或停牌後，如仍有持牌（未爆牌）的閒家，就必須處理本身之補或停牌程序，莊家亮出暗牌後兩張牌點數和若爲或低於16點皆須強制補牌到17點（含）以上纔可停牌，若爲17點（含有Ace的軟及無Ace的硬牌點）以上，則必須強制停牌。

3. 賭倍（Double Down）：

(1)閒家在莊家發牌後可視牌值（10或11點）及莊家明牌（5、6或7點）選擇賭倍（再加原下注金額數相同之籌碼）藉以贏得更多賭金，但賭倍後僅能獲得「補牌一張」（明牌橫置）。

(2)遊戲進行中之補牌（hit）或分牌（split）後所獲得之21點僅稱做21點，牌值（card vaule）小於Blackjack，亦無1.5倍之賠住。

(3)閒家賭倍選擇僅可在首發兩張牌或分牌後補爲兩張牌時才可賭倍。

4. 分牌（Split）：

(1)閒家獲得之首發兩張明牌若是一對，就有權選擇分牌（以食指與中

指分岔表示分牌）或不分牌（直接要或停牌）。

(2)若選擇分牌，閒家必須在拿出與原下注等額之籌碼置於其旁並比出分岔手勢），莊家會按照規則於分生兩注處各補上一張牌，之後，就如一般遊戲過程中莊家處理閒家的選擇一樣。

(六)莊家發牌之不同情況

1. 在澳門的娛樂場，地區化的特別規則包括發暗牌給閒家，或莊家及閒家皆發明牌，但莊家僅先發一張明牌，莊家第二張明牌在所有閒家皆完成補停牌程序後爲之，然後再視其牌值（點數）補或停牌。

2. 在澳門有的娛樂場在21點遊戲規則中有特殊規定，如「投降輸一半」，即閒家在獲首發兩張牌後主動向莊家認輸，莊家僅收取閒家下注的一半籌碼。

3. 莊家及閒家皆發明牌是因應目前洗牌與發牌機一體成型及自動化設計的進步（出牌口有晶片感應器），能加快遊戲的流程（圖7-16）。

圖7-16　自動化設計一體成型的洗牌機
圖片來源：楊知義、賴宏昇（2020）《博弈活動概論》，p.179。

㈦21點（Blackjack）遊戲技術概述

　　莊家最大的優勢（House edge of games）為：閒家在補牌後爆掉（Busted），其下注就先輸了。莊家狀況在首發兩張牌，17點以下必須補牌（Hit），17點以上必須停牌，閒家因為有補或停牌的選擇機會，技術從而產生。

1. 莊（Dealer）、閒（Player）家皆為Blackjack之狀況：

　　⑴首發2張牌Blackjack為8/169，莊家無優勢。

　　⑵閒家優勢為獲得1.5倍賠注，優勢為0.071。

2. 首發兩張牌雙方皆為17～20點：

　　⑴閒家若停牌（Stand），則莊、閒家均無優勢。

　　⑵閒家若補牌（Hit），17～20點牌爆掉機會從9/13逐漸增高，莊家優勢隨增加，故閒家一般皆停牌。

3. 閒家補停牌的技術面：莊家明牌是A時之狀況：

　　⑴狀況一：莊家暗牌可能是10、J、Q、K（4/13機會），可以選擇買或不買保險。0.308獲賠2倍注金機會，莊家略占0.077優勢。

　　⑵狀況二：莊家暗牌可能是6、7、8、9強制停牌，閒家首發2張牌17-20若停牌，莊閒家間無優勢差距。

　　⑶狀況三：莊家暗牌可能是A、2、3、4、5，強制補牌，可能有2次以上補牌機會。

4. 閒家補停牌的選擇（閒家牌點在16點以下）：牌盒中待發小點數的牌較多

　　⑴閒家14點以下，補牌爆掉的機率小於6/13，可以嘗試補牌。

　　⑵閒家15～16點以上，補牌爆掉機率大於1/2，最好不要再補牌。

5. 閒家補停牌的選擇（閒家牌點在16點以下）：牌盒中待發大點數的牌較多

　　⑴閒家12～16點，3～6點，都可以不補牌，期待莊家需要補牌。

　　⑵閒家7～10點，選擇要牌；兩張A或兩張9選擇分牌，11點選擇賭倍，閒家較有贏面。

(八) 21點遊戲哲學

1. 每一輪遊戲，莊家的娛樂場優勢永遠勝過閒家。
2. 雖然可以計算發牌盒中剩餘的大小點牌張概數，但現代自動化洗牌機能隨時洗牌，閒家已難藉加減數值算出較大的贏面機率。
3. 閒家的優勢在於遊戲過程中玩與不玩、下注金額的大與小可以自行決定。
4. 不要想變成贏錢的職業玩家，但可以成為贏面稍大的遊客，讓賭城之旅遊行程更有美麗的夢幻感。

二、百家樂遊戲

(一) 百家樂遊戲概述

1. 百家樂遊戲是從一種最古老和流行的歐洲紙牌遊戲演變而來。
2. 莊家根據特定的規則發牌，和輪盤或骰子（花旗骰）一樣，閒家在遊戲過程中不需要做任何決定。
3. 遊戲閒家在遊戲開始前只有兩個必須做的決定，即在莊家發牌之前，在桌布上選擇自己相信會贏的位置：莊家（Banker）、閒家（Player）或和（Tie），三選一，以及想要下注的金額（圖7-17）。

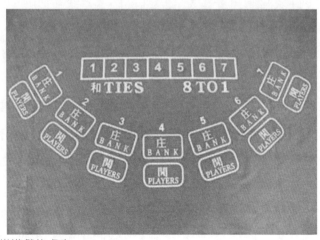

圖7-17　百家樂遊戲的桌布
圖片來源：楊知義、賴宏昇（2020）《博弈活動概論》，p.182。

4. 百家樂簡單易玩，同時又是賭場優勢（house edges）最少的遊戲之一（莊家優勢大概是1.07%），藉抽頭（下莊家且贏，抽5%）方式獲利[7]，因此成為賭場中最受華人歡迎的博弈遊戲。

5. 百家樂使用6或8副牌玩，莊家發牌時可以牌面向下（暗牌）方式，允許閒家瞇看牌以增加趣味性。先發四張牌，第一張和第三張給閒家，第二張和第四張給莊家。遊戲張牌是從牌盒中發出，和21點相似，發至切牌（黃色）張後重新洗牌。

6. 賭場莊家處理賭桌上所有籌碼，並根據發出的每手牌收取或賠付賭注，牌盒可傳遞，每個閒家都有機會可以發牌（但在澳門不行，均由莊家發牌）。

(二)遊戲規則

1. 百家樂的桌布下注與賠付規則：

   (1)大百家樂桌臺最多可以有14個閒家的位置，而小百家樂桌臺有7～9個閒家的座位。

   (2)每桌賭注限制均不一樣，但都有最低賭注及最高賭注之規定。

   (3)下注在閒家或莊家，贏的賭注皆按1:1之賠率支付，下注在和，贏的賭注賠率為8:1。

   (4)賭場對所有下注賭莊家贏的賭注中抽取5%傭金。傭金即從贏取的金額中扣除或在完成一盒牌之過程後一併收取。

2. 桌布上下注區各國使用文字雖不同，但位置靠近遊戲閒家的投注區塊為PLAYER，靠近莊家的投注區塊為TIE。

3. 牌張的點數計算：

   (1)百家樂桌布在靠近莊家籌碼盒前有發牌置牌區，分別標示莊與閒的區位，看牌前莊與閒的兩張牌均以暗牌置放，看牌後則以明牌置放。

   (2)A算做1，2到9按牌面數計算，10和人頭（JQK）算做0，總點數超過

---

[7] 或採用閒家下注在莊家贏，當莊為6點且贏，只獲得一半賠注籌碼。

10以尾數計算。

(3)莊與閒家的總點數計算方式如下（表7-1）：

表7-1　莊與閒家的總點數計算方式

9 + 7 =16	Hand counts 6
5 + 5 + 5 = 15	Hand counts 5
10 + 9 = 19	Hand is a "Natural" 9
King + Ace + 5 = 16	Hand counts 6

資料來源：作者繪製。

4. 莊或閒的補牌規定：

(1)根據首發之2張牌，莊閒家積累的點數，發牌莊家（荷官）可能需要補發（draw）第三張牌。這張牌面向上（或下），先發給閒家，如果需要，然後發給莊家。每家額外發的牌只會有一張。

(2)莊閒只要有一家的兩張牌之總點數為8或9，這種數字稱為「天」（Natural）8或9點，兩家皆不再補牌，贏家為最接近9點的那一方。

(3)其他莊或閒家是否補發第三張牌，由以下規則來決定：閒家（PLAYER）補牌規定（表7-2）及莊家（BANKER）補牌規定（表7-3）。

表7-2　閒家（PLAYER）補牌規定

Player Two Card Total （閒家兩張牌總點數）	Player Action （閒家動作）
0-1-2-3-4-5	Draws if Bank does not hold a "Natural" 8 or 9
6-7-8-9	Stands（停牌）

表7-3　莊家（BANKER）補牌規定

Banker 2 Card Total	Banker Action
0-1-2	Must draw if Player does not hold a "Natural" 8 or 9
7-8-9	Must Stand（必須停牌）

(4)莊家補發第三張牌的規則可能取決於閒家補發的第三張牌或不須補牌（stand），有兩種情況，閒家須補牌與不須補牌後的情況（表7-4）。

表7-4　莊家牌值為3-6點取決於閒家補發的第三張牌或補或停牌

莊家的牌點	Darw(補牌) when Player's Third Card is:	Stands(停牌) when Player's Third Card is:
3	1-2-3-4-5-6-7-9-0	8
4	2-3-4-5-6-7	1-8-9-0
5	4-5-6-7	1-2-3-8-9-0
6 (Stands if Player does not draw a third cars)	6-7	1-2-3-4-5-8-9-0

5. 當閒家須補牌時（0～5點），莊家牌值為3～6點時，依據規則補或停牌，表7-4基於之原則是：莊家牌點越小，補牌機會越多，莊家優勢在補牌規則中自然產生。

6. 當閒家為6或7點不須補牌時（Player stands）

   (1)莊家補發第3張牌（Banker draws 3rd card）：莊家首發兩張牌點數和為0至5點時，皆須補牌（Banker 2 Card Total為0-1-2-3-4-5點）。

   (2)莊家停牌（Banker stands）：莊家點數為6或7點時皆須停牌。

(三)莊家操作程序

1. 首局遊戲發牌前與21點操作過程一樣，在請閒家停止下注後，從牌盒中發出1張明牌，視牌點數移去同等值暗牌牌張（A～9＝1～9，10-K＝10）。

2. 每局遊戲在宣布停止下注後，預先決定莊閒家之看或瞇牌者（壓克力板標識），一般選下注金額較大者。

3. 先將閒家兩張暗牌用牌鏟送至預先決定之看牌者，供其看或瞇牌後，宣讀牌值並明示於桌布閒家位置。

4. 再將莊家兩張暗牌用牌鏟送至預先決定之看牌者，供其看或瞇牌後，
宣讀牌值並明示於桌布莊家位置（圖7-18）。

圖7-18　百家樂牌鏟、莊與閒壓克力板標識及開牌結果記錄
圖片來源：楊知義、賴宏昇（2020）《博弈活動概論》，p.186。

㈣百家樂遊戲地區性特殊規定

1. 澳門賭場亦有不抽傭金（油水）之桌檯，但遊戲閒家下注在BANKER
位置且贏的點數為6點，莊家只賠下注金額的1/2。

2. 遊戲者只能三選一的下注，但可同時另外下圍注在莊或閒家前兩張
牌是對子位置，一般允許閒家下比較小金額的注，因為贏的機率是
1/13，但賠率卻只有11倍，多以試或轉運氣的娛樂投注居多。

3. 莊家發牌前會先從投注金額最大的莊閒家各找一位瞇莊或閒的牌，先
看閒家的牌，開牌後再看莊家的牌，如無人瞇牌，則由莊家開牌。

㈤莊、閒與和獲得贏之機率概述

1. 和（TIE）獲贏之機率：

　⑴10個牌點（0～9點）出現和的機率，莊家與閒家雙方皆停（7～9

點）或補（0～2點）牌時，條件相同，為1/10，莊或閒家在3～5或6
點不同條件停或補牌時，和的機率也約0.9/10，就是說玩十次會贏一
次輸九次。

(2)以澳門特區博弈娛樂場下注最低限制HK$300的算法：贏注獲300元
×8倍＝2,400元，輸注為300元 x 9次＝2,700元，平均每注輸30元
（佔10%），是莊家抽「莊贏」油水（頭錢）5%的2倍。

2. 莊（BANKER）或閒（PLAYER）家輸贏各半的狀況：

(1)「莊」或「閒」在nature 8-9點出現時，雙方皆無需補牌／停牌
（Suspend），輸贏的條件相同，故輸贏的機率各半。

(2)「莊」或「閒」在0～2點出現時，雙方皆需補牌（Draw），輸贏的
條件相同，故輸贏的機率各半。

(3)「莊」或「閒」在7點出現時，雙方皆停牌（S）的條件相同；在
「莊」或「閒」有一家停牌時，另一家0～5需補牌，條件也相同，
故輸贏的機率各半。

3. 莊（BANKER）或閒（PLAYER）家輸贏不同的狀況（閒家6點時）

(1)閒家6點莊家也6點時，雙方皆停牌，條件相同，輸贏各半。

(2)閒家6點莊家0～5點時，原本應該是閒家贏，但此時遊戲規則為閒家
停牌，莊家補牌，條件不同，閒家贏的機率為9/13，輸的機率（補
成7～9點）3/13。

(3)故閒家6點時，莊家有較高贏的機率，扣掉補牌平手的機率1/13，約
為2.5%。

4. 莊（BANKER）或閒（PLAYER）家輸贏不同的狀況（莊家在3～6點
時）

(1)莊家3～6點時，莊家視閒家補的第3張牌點數決定停或補牌。

(2)莊家3點時，閒家0～5點需補牌，補牌點數為8，莊家停牌，此時閒
家贏的機率為2/6，莊家贏的機率為3/6，和的機率為1/6。

(3)莊家3點時，閒家0～5點需補牌，補牌點數為9-7，（12/13）時莊家
需補牌。在閒家補牌點數為9～7點時，閒家贏的機率約為5.85/13，

莊家贏的機率約爲6.10/13，和的機率約爲1.05/13。

(4)莊家贏的機率約大於閒家贏的機率約2.5%。

(5)莊家4點時，閒家0～5點需補牌，補牌點數爲2～7（6/13）時需補牌，閒家補牌（8～1點）莊家停牌時，莊與閒家贏的機率分別爲29/48與12/48，和爲7/48。

(6)莊家5點時，閒家0～5點需補牌，補牌點數爲4～7，（4/13）需補牌，閒家補牌（8～3點）莊家停牌時，莊與閒家贏的機率分別爲38/54與9/54，和爲7/54。

(7)莊家6點（1/10）時，閒家0～5點需補牌，補牌點數爲6～7（2/13）需補牌，閒家補牌（8～5點）莊家停牌時，莊與閒家贏的機率分別爲48/66與12/66，和爲6/66；閒家須補牌的機率爲6/10，故玩100回約贏5次，等於抽頭5%。

問題及思考

1. 博弈娛樂場（casinos）大廳內的遊戲（games）共有哪些內容？如何區分並類別之？

2. 21點（Blackjack）遊戲中之Blackjack指的是莊或閒家首發的兩張牌組合爲何？

3. Blackjack遊戲在閒家要求賭倍（Doubling down）後，莊家對補牌（draw）的處理動作爲何？

4. Blackjack遊戲過程中，閒家可以選擇分牌（split）的情況是其持有的2張明牌爲何？

第八章 樂活休憩：森林遊樂（forest recreation）

Chapter 8　LOHAS Leisure: Forest Recreation

學習重點
➢ 知道人類如何利用森林資源（forest resources）及參與森林遊樂活動（forest recreation activities）。
➢ 瞭解參與森林遊樂之活動機會與效益（recreation opportunities and benefits）。
➢ 認識森林遊樂經營管理的專業人員（professional staffs）專業知識、工作與服務（works & services）內容。
➢ 熟悉具有樂活（LOHAS）保健概念之森林遊樂活動與設施內容。

第一節　森林區（forest areas）自然資源的類型（types）與價值（values）

一、前言

　　森林是很多種生物的棲息地（habitats），所以森林區存在著多樣的物種生態，自然呈現出生機盎然的景象。森林的林型與林相[1]組成了森林遊樂的主體結構，而地被植生、野生動物、土地與水資源則鑲嵌其間形成值得鑑賞、探索與發現（appreciate, explore, & discover）的美麗素材，至於瀰漫充塞於森林內外的大氣層與氣象變化則更是與人類生命結合的重要因子，這些資源對於人類社會的價值是我們在推廣森林遊樂工作時所必須知道的。

---

[1]　森林的外貌狀態，由構成樹種、林冠組成、林木年齡與生育情形等所表現的森林狀態。

二、森林區自然資源的類型（types）與樣態（forms）

森林區自然資源的主要類型可以區分爲植生（vegetation）、野生動物（wildlife）、水體（water）、空氣（air）與土壤（soil）等五種，其樣態說明如下：

㈠ 植生：喬木（針葉與闊葉樹）、灌木與地被植物（草與苔蘚）。

㈡ 野生動物：哺乳類、昆蟲、鳥類與爬蟲類動物。

㈢ 水體：池塘、湖泊、瀑布、溪流與礦泉（溫與冷泉）。

㈣ 空氣：天候、日月星象／辰、溫度與降水（雨霧、霜雪與冰雹）。

㈤ 土壤：地理、地形起伏與地層地質變化。

三、森林區自然與人文資源的價值

森林區內含的自然與人文資源對人類社會的價值說明如下：

㈠ 生物多樣性[2]的價值。

㈡ 野生動物最佳棲息地（habitats）的價值。

㈢ 水源涵養（watershed）與水質保護的價值。

㈣ 清新優良空氣品質的價值。

㈤ 林業主、副產物[3]、醫藥與園藝作物等的價值。

㈥ 科學研究與戶外教育的價值。

㈦ 歷史與文化藝術資源的價值。

㈧ 提供寧靜、神秘、清幽與孤獨感情境（settings）的價值。

㈨ 陶冶個人性靈（情）的價值。

㈩ 象徵意義（symbolic meaning）的價值。

(十一) 稀有性（rarity）及與獨特性（uniqueness）的價值。

(十二) 其他的價值（如固碳功能[4]、動植物生態穩定功能）。

---

2 生物多樣性（biodiversity）是指所有不同種類的生命，生活在一個地球上，其相互交替、影響令地球生態得到平衡。

3 樹皮、樹脂、種實、落枝、樹葉、竹葉、灌藤、竹筍、草、菌類及其他非主產物之林產物。

4 所謂固碳（Carbon sequestration），也叫碳封存。固碳方法總體分為人工固碳減排與自然植被固碳兩部分。植物的固碳作用，在葉綠體中發生，葉綠體內的酵素，利用光合作用反應所產生的能量把二

四、森林價值與人類生活之關係

(一) 森林中有四季不同變化之植物，也有繁複多樣之動物種類，物種相態千變萬化，各異其趣，這些屬於大自然的神奇（nature wonders）豐富了人類的生活（圖8-1）。

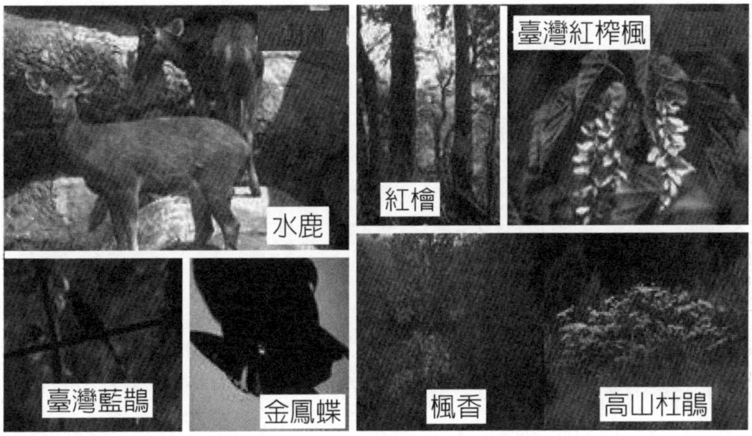

圖8-1　森林的價值豐富了人類的生活

圖片來源：引用自楊秋霖。

(二) 森林植物能散發出各種類的芬多精（Phytoncide），有益於人體健康。有關芬多精對於身體的效益（benefits）詳述於下：

1. 芬多精是1980年由前蘇聯Toknh博士與日本神山惠三[5]博士所發現，是一種由森林植物散發出的揮發性物質（林務局臺灣山林悠遊網，2017/10/20）。芬多精又稱爲植物精氣，經由植物的葉、幹、花所散發出來的，是植物爲防止有害細菌侵入，從自體內所散發出的自衛香氣，內含一種具殺菌的化學成分萜烯（terpene），能抑制空氣中細菌及黴菌生長的功用。
2. 不同樹種的芬多精可殺死不同的病菌，對人體具有消炎殺菌、鎮定情緒、預防氣管疾病等功效。

氧化碳轉換成碳水化合物。

5 日本共立女子大學教授。

3. 森林區各種植物散發出的芬多精功效如下：

(1)松、柳杉：白喉桿菌、預防血管硬化及氣喘等。

(2)冷杉：金黃色葡萄球菌、百日咳桿菌、白喉桿菌等。

(3)檜木：鎮靜、止咳、消炎等。

(4)櫟樹（橡木）：變形蟲（阿米巴）、結核菌、白喉桿菌、滴蟲類等。

(5)杜鵑：金黃色葡萄球菌、百日咳桿菌。

(6)桉樹[6]：流行性感冒病毒、化痰、防蟲等。

(7)樟樹：殺菌、殺蟲等。

(三)森林區迷漫許多陰離子（Anion），有益遊客身體健康。

陰離子的健康效益說明於下：

1. 帶正電荷的原子叫做陽離子，帶負電荷的原子叫做陰離子（anion）或稱負離子。陰離子又稱「空氣維他命」，藉由瀑布、溪水、噴泉的四濺水花，植物光合作用製造的新鮮氧氣，以及太陽的紫外線等，均能產生「陰離子」（Negative ions）。

2. 從健康角度分析，陰離子對人體有淨化血液、活化細胞、增強免疫力、調整自律神經，以及消除失眠、頭痛、焦慮、預防血管硬化等好處。

3. 自然環境中的樹林、山村鄉間、花園、瀑布、噴泉等空氣新鮮潔淨地區，空氣中的陰離子含量相對較多（表8-1）。

(四)森林區空氣清新氧氣含量高，利於形成身心療癒的環境。

植物藉葉綠體的光合作用[7]釋放氧氣（O^2），空氣中含氧量高有助於獲得迷漫的各種負離子而成為負氧離子（Negative oxygen ions），負氧離子對環境污染改善及人體的好處如下：

1. 可以淨化空氣：可以去除甲醛／VOC等有害氣體、除病菌、去異味、

6　通稱桉樹、尤加利樹，精油對治療感冒、咳嗽和其他呼吸道疾病有效。

7　葉綠體在陽光的作用下，把經由氣孔進入葉子內部的二氧化碳與由根部吸收的水轉變成為葡萄糖，同時釋放出氧氣，化學式為$12H_2O + 6CO_2$ -hv→（與葉綠素產生化學作用）$C_6H_{12}O_6$（葡萄糖）$+ 6O_2 + 6H_2O$.

表8-1　自然環境中場所別陰離子含量

環境類別	陰離子量（單位：個／立方公分）
市區室內	30～70
市區街道	80～150
郊外	200～300
山野	700～800
森林區	1,000～2,200
人體需要量	700

資料來源：作者製作。

　　PM2.5、粉塵（dust）、煙霧（smog）等，使我們呼吸順暢身體舒適。

2. 對人體的健康作用：改善肺功能、心肌功能、促進血液循環、新陳代謝、緩解呼吸道疾病、增強機體抗病能力；對大腦、心臟、呼吸以及抗氧化、抗衰老都有很大的改善作用。

㈤ 森林環境能陶冶性靈（cultivating temperament）並激發創意

　　森林環境清幽，適合從事「冥想」（contemplation）[8]活動，大自然千變萬化，遊客處在如此神奇情境中，能陶冶其性靈、激發創意（圖8-2）。

圖8-2　森林區神奇情境能陶冶性靈激發創意
資料來源：引用自楊秋霖。

8　希臘哲人亞理士多德（Aristotélēs）將休閒區分為三個等級：遊玩（Amusement）、遊樂（Recreation）與冥想。

第二節　森林遊樂在森林資源多目標利用中的角色

一、森林資源的多目標利用（multiple-purposes use）

　　人類社會對森林資源之需要與利用成為森林的多目標利用功能，這些目標包括：林業生產（forestry production）、生態保育（ecological conservation）、國土保安（homelands security）、國民保健（national health）、自然教育（natural education）、陶冶性靈、環境綠化（environmental afforestation）與森林遊樂等八個項目，分別說明如下（圖8-3）。

圖8-3　森林資源多目標利用
圖片來源：作者繪製。

(一)林業（木材）生產

　　木材為林業主產物，對於人類生活起著很大的支持作用。根據木材不同的性質特徵，人們將它們用於不同途徑，例如燃料及建築用的材料。一般常將木材分類為軟木（softwood）和硬木（hardwood），由松柏類針葉樹植物製造的木材稱為軟木，由雙子葉植物闊葉樹製造的木材稱為硬木。

(二)生態保育（集水區涵養水源）

　　森林涵養水源的功能可從林地有利於水分進入土壤層及增進土壤之保

水能力兩個方面說明，林木之樹冠及枯枝落葉層可有效地消減雨滴打擊地表之能量減少飛濺沖蝕，使地表保持最佳狀況，有助雨水滲入土壤層。

㈢國土保安

河川、溪流與水庫的泥砂災害，大部分與上游集水區的崩塌和沖蝕有關。森林覆蓋能防止表面沖蝕、穩定坡面、減低泥砂和洪水為害下游的程度，確保國土安全。

㈣國民（休養）保健

森林保健意指活用森林環境、維持強健體魄的自然療法，藉由大自然的療癒[9]力量，讓身心產生新的能量。南韓將森林「休養」和「療養」加以區別，在其國內有158處自然休養林供遊樂體驗用，41處用於醫療保健用途有「森林療養指導師」的療養林。

㈤自然教育（研習）

森林區可以提供遊客完善遊客服務和生態教育場所，認識臺灣豐富的生態，拜訪山川河谷四季之美，探索自然萬物的奧秘與類別，是一個最好的戶外教育場域。

㈥陶冶性靈（維持生物多樣性）

森林生態系是由森林生物及其所生存之環境所構成，不僅是維持物種和基因多樣性所不可或缺的，更為生物棲息地與人類生活圈提供水土保安、養分循環、調節氣候、淨化環境、生產可再生資源等重要服務，而大自然的神奇現象更能孕育出秉性善良的人性。

㈦環境綠化（改善空污）

森林和樹木儲存碳有助於緩解周邊地區的氣候變化，森林綠地的生態系服務對於都市居民更包括去除空氣汙染物、改善微氣候等，還提供給野生動物的重要棲息覓食環境，讓森林為人們帶來更大的效益。

9　英文為therapy，在日本用healing一字。

(八)森林遊樂

　　在森林中漫步在步道裡作森林浴，沈浸於大自然的芬多精中，周圍還有各式各樣的小動物陪伴著我們，這些萬物就有如森林裡的小精靈。雲霧、日出、日落的景緻，更是不可錯過的氣象景觀，動態的瀑布和溪流還可以製造有益遊客身體健康的負離子，這些都是森林區範圍內可以享受的遊樂活動。

二、森林遊樂在森林資源利用之角色

　　臺灣處於熱帶與亞熱帶氣候區交界，因地形陡峭造成海拔高之差異，植物群落（plant association/ vegetation communities）形成具有熱帶林、亞熱帶林、暖帶林、溫帶林與寒帶林之複雜林相。依據2014年底完成之第四次臺灣森林資源及土地利用調查報告[10]資料，全島林地面積為2,186,000公頃，占全島總面積358.80萬公頃之60.9%。若以地籍資料估算，國有林約184.7萬公頃（92.7%）、公有林約0.6公頃（0.3%）、私有林約13.6萬公頃（6.8%）。

　　《森林法》第十七條明定森林區域內得設置森林遊樂區，復依其子法《森林遊樂區設置管理辦法》第二條規定，森林遊樂區係指在森林區域內，為景觀保護、森林生態保育與提供遊客從事生態旅遊、休閒、育樂活動、環境教育及自然體驗等而設置。換言之，森林遊樂區主要是以環境保育、教育與自然遊樂體驗為其內涵。

三、森林遊樂在森林資源利用之意義

(一)人類與自然共存共榮

　　在森林遊樂區原有解說系統下（自然資源陳列、解說牌標誌、解說志工、生態旅遊活動等），導入專業人力，系統性的發展課程方案，塑造優質之自然環境教育場所、深化活動體驗功能，以「師法自然、快樂學習」為目標，提供民眾在真實的自然環境中快樂學習與森林有關的自然、人文

---

10 農委會林務局執行本計畫。

及歷史知識。

(二)保育森林且善用森林

臺灣擁有豐富且珍貴的山林景觀及生態資源，3,000公尺以上高山逾200座，為保育森林與善用森林，原住民社區參與步道之整建維護，並培訓步道周遭社區生態環境、文史解說人員承接多元化遊程，如工作假期（working holiday）及導遊解說（guide & interpretation），結合山村聚落文化及產業，促進自然環境與地區居民和遊客之相互成長及山村產業發展。

(三)發揮森林的環境效益

森林的環境改進效果，不僅僅局限在當地的集水區與鄰近都市社區的範圍。森林遊樂區維護與培育森林，具有吸收日照緩和氣溫、吸濾隔絕噪音與污染物質、淨化空氣等功效，這些綠色效應愈來愈受大眾肯定，進入山林地區，可享受森林浴、欣賞森林奇特景觀、聆聽鳥語蟲鳴，這是森林所發揮的特殊功效，是一般都會地區的人為建造公園所無法替代的。

第三節　森林遊樂區的遊樂資源開發與遊客管理之沿革

一、森林遊樂區的設置與開發沿革

(一)遊樂土地的開發與管理沿革

遊樂土地的開發管理始於人類社會封建時期，早期英國皇室貴族建立御用森林圍場[11]供狩獵遊樂，歐洲文藝復興（Renaissance）時期宮廷花園（formal gardens）盛行，從義大利南部向北吹起，知名的有奧地利的香布侖夏宮花園（Palace and Gardens of Schönbrunn）與法國的凡爾賽宮花園（Jardins du Château de Versailles），美國殖民時期有波士頓

---

[11] 在古代亦稱獵苑。

綠地（Boston common）的設立，建國後從黃石國家公園（Yellowstone National Park）、紐約市中央公園（Central Park）、波士頓沙園（the Sand Box）與各地的動、植物園的建立，發展出現代人類社會文明遊樂利用的狀況（圖8-4）。

地球資源：水 空氣 植物 動物 土壤	休憩利用	形、動物 休憩價值資源：湖泊、森林、生態、氣象、地	永續利用 任意利用	休憩管理		滿意 現代休憩經營目標：環境安全、資源保育、遊客	設立公園（PARK）	
				設立特定場所				
				城市區	博物館 花園 綠地 動植物園		城市區	都會公園 鄰里公園 動植物園 博物館 遊樂區 主題遊樂園
				原野區	森林區 保存區 保護區 保留地		原野區	國家公園 州立公園 森林遊樂區 自然保留區 原野地
				任意使用				
				資源破壞失去休憩從價值				

圖8-4　遊樂土地開發管理之發展沿革
圖片來源：作者繪製。

隨著時間推移，休憩專業知識與倫理標準逐漸的建立，遊樂土地開發與經營管理的成果形成了現代社會各種類型遊樂場域，而有了商業遊憩的高度、保育永續經營的深度與各式各樣的休閒遊憩及娛樂場域開發建立的廣度之遊樂發展概念（圖8-5）。

㈡森林遊樂區建置設立緣由及角色

1. 森林遊樂源於人類對森林資源之多目標利用。

2. 森林區因擁有對人類生命有益（價值）的資源特性，故吸引遊客前往從事遊樂活動，為確保永續遊樂效益，於是有設立森林遊樂區之倡議

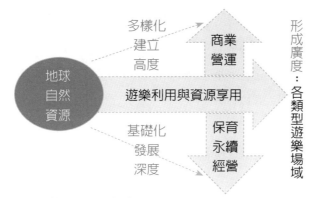

多樣化 建立 高度

形成廣度：各類型遊樂場域

商業 營運

地球 自然 資源

遊樂利用與資源享用

基礎化 發展 深度

保育 永續 經營

圖8-5 遊樂土地開發與管理之發展概念圖
圖片來源：作者繪製。

與實施，在實務經驗累積後並逐漸建立森林遊樂經營管理系統化知識。

(三)森林遊樂區之概念

　　為提供遊客從事遊樂活動及享樂環境所設立之森林土地或水域區，並成立專職單位負責園區經營管理的工作。

(四)森林遊樂區之開發

　　森林遊樂區設置作業[12]之開發流程為：

1. 規劃（planning）：森林遊樂區選址評估（資源清查）定案後完成綱要與細部規劃計畫書（master & detail plan）。

2. 土地取得（land acquisition）：依計畫書完成森林遊樂區基地範圍內土地所有或使用權的取得。

3. 開發與興建（development & construction）：依據環保、水保、建築等法令規章的行政作業程序進行，包含開發與興建兩個程序（procedures）。

4. 營運管理（operations management）：森林遊樂區正式營運後的經營與管理。

---

12 依據《森林法》第十七條及《森林遊樂區設立管理辦法》第2、3條。

二、森林遊樂區之經營管理與工作內容

(一)森林遊樂區經營管理的方法或工具

　　森林遊樂區的經營管理工作非常繁複，供管理者使用的方法／工具（techniques）大致可以歸納成八項，管理單位團隊能分別運用在遊樂資源與遊客管理的服務工作項目中，說明如下：

1. 遊樂土地使用分區或劃分不同使用帶。
2. 發展設施。
3. 環境改善與景觀管理。
4. 制定管理規則。
5. 利用公關及群眾參與。
6. 解說。
7. 維護。
8. 研究。

(二)遊樂資源經營與管理

1. 開發遊樂設施與維護管理：如開發建築物設施、日間、夜間活動區設施與支持性公共設施。設施啟用後，維護工作定時化及制度化是維繫遊樂品質的方法。安排訓練有素的人力使用維護良好之裝備去值勤是有效維護工作的保證。

2. 環境清潔與維護管理：清潔維護管理的工作內容，包括垃圾、廢棄物及汙水處理作業。

3. 環境衝擊、危險與野火管理：環境衝擊管理的項目內容，包括熟悉森林遊樂區環境生態特性及基本組成，認識遊樂活動與遊客行為對環境之衝擊，應用管理措施／方案減少衝擊程度及加速復舊。清查森林遊樂區內天然危險（溪河漩渦、激流、山地懸崖）、人為危險（廢棄水井、破屋廢墟、地表坑洞）、動植物危險（毒蜂、毒蛇、咬人貓、咬人狗），依遊客特性區分危險程度隔絕、排除或設立警告標示。野火管理的工作包括預防野火之發生與撲滅野火行動之執行。

(三)遊客服務與管理之主要工作內容

1. 禮節與傳送訊息服務：**服務遊客時避免不禮貌情況且展現出良好的遣詞用字、聲音語調、站立走路姿勢、面部表情與手勢使用。傳送訊息時要熟知園區內外有益遊客之訊息、懂得運用傳訊媒體及做有效的遊客報怨處理。**

2. 保全及安全服務：工作內容包括遊客緊急事件處理、搜救與後送（Search, Rescue, and Recovery）作業。

3. 執行管理規定服務（law enforcement）：化解遊客使用衝突管理、維持森林遊樂區內公共秩序及遊樂環境之平和、預防違法及犯罪之發生意外、事件調查與掌握強制執行狀況。

4. 解說服務：包括了解解說之目的及基本原則、認識一些解說的方式及內容、知道解說媒體的種類、建立解說計畫之規劃及執行的概念。

5. 行政作業服務：安排團體參訪行程與隨行解說人員、預訂散客住宿與餐飲等服務。

第四節　森林遊樂區的管理人員工作執行與服務態度

一、森林遊樂區管理工作的執行

(一)駐站（固定地點）值勤（station duty），包括：

1. 服務臺、管理中心、遊客中心、解說中心、急救站。
2. 露營地管理站、入口區收費站。

(二)巡查（移動路線）值勤（patrol duty），分為：

1. 著園區工作制服明查（圖8-6）。
2. 著居家個人便服暗訪。

圖8-6　管理員穿著工作制服明查值勤
圖片來源：Sharpe, 1983, park management

二、森林遊樂區管理人員的工作服務態度

　　管理人員的工作認知，包括熟知一般園區遊客的特性與值勤時保持正面的個人服務態度，說明如下：

(一)一般遊客特性：

1. 從事森林遊樂活動之前的準備不足，興之所至，即刻成行。
2. 缺乏自然資源知識，在無環境保育概念的遊樂使用行為下，常造成自然生態創傷。
3. 常自我膨脹，為了炫耀而做出英雄架式的高風險行為，危及自己或其他遊客的安全。
4. 喜歡「保留遊樂場所的東西以為旅行紀念」，且認為自己的行為正當，遭遇管理人員出面制止，則心生不滿。
5. 行程緊湊又想要得到全然盡情歡樂，稍有不如意之處，就會對管理員脫口出惡言。

(二)管理人員正面的個人態度

1. 視遊客為自己要接觸之最重要的人。
2. 遊客並非仰賴於你的服務，而是你仰賴遊客而能生活。

3. 遊客並非爲打擾我們工作的人，反而是我們工作之主要原因。

4. 遊客是森林遊樂區的一分子，並非外來的侵入者。

5. 得到親切有禮貌地人員服務，是購票到訪遊客應享有之權益。

㈢管理人員之工作服務態度

1. 友善且親切眞誠地。

2. 樂於助人地。

3. 避免顯示出不耐煩的態度與習性。

4. 要符合現代社會生活的社交禮節。

5. 要能展現一視同仁的服務行爲。

第五節　樂活（LOHAS）保健概念森林遊樂活動與設施

一、樂活（LOHAS）之詞彙概念

LOHAS這五個英文字母是五個單字的頭文（Initials）組合而成，分別爲：

L—lifestyles.

O—of.

H—health.

A—and.

S—sustainability.

Lifestyles of Health and Sustainability.這句口號意味著「健康與永續的生活型態」。

健康意味著身體適能（physical fitness），身體適能指的是增加身體的適應能力，健康的身體就是指人體的心臟、血管、肺臟及肌肉等組織都能發揮有效機能。有效機能表示：身體狀況能勝任日常工作、身體有應付緊急情況的能力、能避免身體機能退化性疾病之危害及有餘力享受休閒娛樂生活。

(一)運動員之身體適能

運動員高於一般社會大眾要求的等級，為健美層級，需具備之能力要素有六項，包括：
1. 動作敏捷性（agility）。
2. 身體平衡感（balance）。
3. 肌肉協調性（coordination）。
4. 有移動速度（speed）。
5. 充滿力量（power）。
6. 具爆發力（reaction in time）。

(二)平民之身體適能

一般大眾體適能為健康層級，有四項要素，包括：
1. 心肺循環功能（cardiovascular fitness）：心肺循環功能相似詞彙：心血管循環耐力、心肺耐力、循環適能、心肺適能、有氧適能、心肺承載能力。
2. 肌肉力量／韌性（endurance）及肌肉耐力／持久力（strength）：肌肉力量／韌性（muscular strength）與肌肉耐力／持久力（muscular endurance）合稱肌肉適能（muscular fitness）。肌肉力量表示肌肉一次所能產生的最大力量，肌肉耐力表示肌肉承受適當負荷時肌肉運動反覆次數之多寡或持續運動時間之長短。。
3. 身體柔軟性／抗壓性（flexibility）。
4. 體脂肪比（body composition）。

(三)平民身體適能之評量方法

1. 心肺循環耐力測驗（固定距離跑步花費之時間）：測驗女性跑步2,400m或男性跑步3,200m所需之時間，女性心肺循環耐力之標準（跑步2,400m）：良好，13〜15min；普通，15〜16min。男性心肺循環耐力之標準（跑步3,200m）：良好，14〜16min；普通，16〜18min。
2. 肌肉力量（韌性）與肌肉耐力（持久力）測驗：

(1)屈膝仰臥起坐（女性）。

(2)伏地挺身（男性）（表8-2）。

表8-2 屈膝仰臥起坐（女）與伏地挺身測驗之標準（男）

等級	屈膝仰臥起坐（次 / 1min）	伏地挺身（次 / 1min）
良好	30	15
好	25～29	10～14
普通	20～24	5～9
差	20以下	4以下

3. 身體柔軟性（抗壓性）測驗：

坐姿身體向前彎評估（表8-3）。

表8-3 坐姿身體向前彎之測驗標準

分級	女性（cm）	男性（cm）
正常	-10～-255	-15～-20
平均	5	2.5
理想	5～15	2.5～13

4. 肥胖度評量：

(1)標準體重公式

(2)身體質量指數

(3)皮脂厚度測量

㈣身體適能之益處與健身方法

1. 心肺循環適能

(1)益處：為增強心肌、有益血管系統、強化呼吸系統、改善血液成分、有氧能量之供應較充裕、減少心血管循環系統疾病。

(2)健身方法：能達成合適脈搏數並維持一段夠長時間之有氧運動，大肌肉之全身性運動（跑步、步行、游泳、溜冰、划船及越野滑

雪），持續性的運動，韻律性的運動，可隨個人能力調整強度的運動（快走、慢跑、游泳、騎固定式腳踏車、跳繩及有氧舞蹈）。

2. 肌肉適能

(1)益處：使肌肉結實有張力（muscle tone）、維持勻稱身材（physical appearance）、維持好的身體姿勢（posture）、使身體所從事的活動更有效率、充滿活力外表年輕、增加腹部及軀幹部位肌力避免脊椎前彎造成下背痛（low back pain）、避免肌力不足或肌力分配不均造成之肌肉拉傷。

(2)健身方法：肌肉適能之增強有效方法為重量訓練（weight training），針對欲增強之肌群施以明顯重量負荷，使肌肉產生拮抗作用而達到肌肉力量與肌肉耐力提昇效果。使用槓鈴、啞鈴、綜合健身器或彈力帶做負荷重量與反覆次數訓練，重量訓練之差異在負荷（load）之重量及反覆之次數（repetitions）之不同。運動頻數為48hrs以上休息，但不超過96hrs，一週實施2～3天為宜。

3. 身體（關節）柔軟性

(1)益處：維護背部之健康：肌肉延展性不佳造成下背痛（low back pain）症狀、維護良好之身體姿勢（肌肉發展不均衡及缺乏柔軟性是身體姿勢不良之主因）、減少肌肉酸痛與肌肉傷害（靜態之伸展操（passive stretching exercises）對減緩及消除肌肉酸痛具有積極功效）。

(2)健身方法：刺激關節周遭之肌群伸展，包括靜態伸展操（static stretching）與動態伸展操（active stretching）。周遭肌群之伸展操，包括伸展肩膀、坐姿扭轉、立姿轉體與體側伸展。

4. 體脂肪比

(1)運動減肥之益處：消耗身體之能量。具抑制食慾之效果。擴大脂肪之消耗，減少非脂肪成分之流失。預防成年前脂肪細胞數之增加，促使成人脂肪細胞尺寸縮小。調低體重之基礎點。增強健康體適能。

(2)運動減肥之方法：選擇全身性運動、選擇可以自我調整強度及持續時間之運動、正確計算運動所消耗之能量、減肥運動持續時間較運動強度更重要、減肥運動之效果可分次累積。

二、LOHAS森林遊樂活動與設施

　　如果想要遊客身心健康，森林永續經營，開發LOHAS屬性的森林遊樂活動與設施，該如何做呢？當我們打開心靈的魔衣櫥走入電影場景「納尼亞（Narnia）王國」的原始森林，這美麗的情境要如何永續維持並提供有益健康的遊樂設施與活動，使全體人民皆享樂活生活，冥想一下，該如何做（經營）呢？

(一)人類獲得身心健康的基本原理

1. 原生（非人造）風景的原生（自然）體驗能鍛鍊主管人類情感的情操（感）腦，使個人情感與理智和諧。大自然中的原風景、原體驗可以幫助孩童抒發情緒與發揮創意，有助人格正常發展。原體驗是運用原始感覺（五感）的體驗，可以鍛鍊我們的情操腦（主宰情感的腦部邊緣組織）／大腦右腦。

2. 在戶外自然生態環境中參與遊樂活動，能使人體沐浴在清新的空氣中，進而身體更健康。根據多國科學家的研究證實，「森林浴」包含了各種保健與復健的原理，是健康充電最好的方法之一（林文鎮，2000）。

3. 探索與發現自然的森林遊樂活動，能培養人類與土地資源的情感，而更智慧的利用地球生活資源。

(二)山林情境與人體健康

1. 山林環境有益保健復健。

2. 山林環境中的「生物氣象」效能有益人體生理健康。

3. 山林環境中具有多樣的良性刺激（eustress），是良好的自然健康調養場域。

(三)利用連結五感的森林遊樂活動紓解壓力

人類五感不運用會逐漸退化，只用視覺也讓其他感官功能變得不敏銳。森林充滿五感之美，可誘導遊客發揮五官功能盡情欣賞：

1. 觀賞遠山景與綠情境（運用視覺）。
2. 傾聽蟲鳥鳴與水花聲（運用聽覺）。
3. 呼吸芬多精與百花香（運用嗅覺。
4. 接觸清涼山風與澗水（運用觸覺）。
5. 品味野漿果與甘泉水（運用味覺）。

(四)人盡其才地盡其利物盡其用

召募人才組織成森林遊樂經營團隊，分工合作，開發樂活本質的設施與活動並提供遊客接待服務與管理，讓森林遊樂區充滿LOHAS的體驗。

(五)保留原始風景設計刺激情感右腦

人類原本生活在原始情境，瞭解自己是自然界的一部分，對大自然有強烈的感受，與自然很和諧的共生。情感是人性中最原始的部分，思索自然與人類、人類彼此之間的關聯乃是情感所主導，不管是孩童或成人，常處在原始情境中，易生體貼人關懷大自然及敬畏生命的情感，故原始風景可以刺激情感右腦，激發EQ。

(六)茂密森林中興建「芬多精」步道

1983年起臺灣開始推廣森林浴遊樂活動，口號為「森林浴使你健康活力」，現今科學證明其功效還要再加上「森林浴使你活化腦力」及「森林浴使你提昇EQ」兩項，森林浴就是沐浴在植物散發出的精氣-「芬多精」中，茂密的森林自然鬱閉，遊客健走在其間的步道上既安全舒適又有吸收精氣的良好效果。

(七)設計具知性體驗之森林生態遊程

在森林遊樂區內偏遠的原始林帶，設計自導式或引導式[13]步道或電動

---

13 由解說人員引領，亦是逐站解說，具雙向溝通效果。

車道，提供遊客生態旅遊的遊程是很好的遊樂活動選擇。透過解說站提供的資訊，遊客可以獲得充滿知性與感性的遊樂體驗。

㈧塑造森林風景鑑賞與冥想的環境

鑑賞（appreciation）與冥想（contemplation）是兩項人類的心理作用，都會帶給我們較高層級的樂趣[14]，因為它們是直接透過大腦刺激反應的。開放或封閉空間、水體的型塑、地景建物及野生動物棲息地的營造等專業知識皆與景觀評鑑或分級有關，管理單位可運用在森林遊樂區內塑造森林風景鑑賞與冥想的環境。

㈨解說感性森林滿足遊客知性需要

出國團體旅遊的行程中有安排帶團護衛的領隊及目的地景點區遊賞的導遊，主要的目的是增加遊程的深度，讓遊客群體能獲得滿意地觀光旅遊體驗。領隊或導遊對大自然豐富資源的專業知識，囿於學門不同，較為不足，常需要景點解說人員加強知性的內容，森林遊樂區的解說服務應該是一門系統知識，必須要製定文件式解說計畫在日常營運作業時實施，以滿足遊客群體知性的需要。

㈩詮釋生活情感交織出的森林文化

1. 對於森林，從各種人類的觀點視之，充滿了學問，必經親身體驗方能領悟其意義。
2. 森林在人類的生存與生活歷程中累積的經驗形成了森林文化。
3. 森林的美景經過人類文化的詮釋，可以激發情感，陶冶情操，對於社會文明的建設有促進作用。

㈩開發現代科技新設施與遊樂活動

1. 美國大峽谷國家公園之空中步道（SKYWALK）（圖8-7）。
2. 桃園市北部橫貫公路段之小烏來瀑布風景區之空中步道（圖8-8）。

---

14 希臘哲人亞理士多德（Aristotélēs）將休閒分為三個等級，認為「冥想」是最高層級。

圖8-7　美國西部大峽谷國家公園之空中步道

圖片來源：楊知義（2021）《森林遊樂學》，p.174。

圖8-8　北部橫貫公路段小烏來瀑布風景區之空中步道

圖片來源：楊知義（2021）《森林遊樂學》，p.174。

問題及思考

1. 森林區的遊樂資源基本類型與組合樣態的內容各為何？

2. 何謂森林（業）的多目標經營？遊客從參與森林遊樂活動中能獲得那些個人利益？

3. 為確保遊客遊樂體驗的品質，森林遊樂區管理人員的工作服務態度應為何？

4. 森林環境中能夠提供那些保健的遊樂活動？

第九章 樂活休憩：生態旅遊（eco-tourism）

Chapter 9　LOHAS Recreation：Eco-Tourism

學習重點
➢ 知道生態旅遊活動之定義與概念。
➢ 認識生態旅遊之自然生態環境經營原則與開發之設施。
➢ 熟悉具有樂活（LOHAS）概念之生態旅遊活動與設施內容。
➢ 瞭解農業委員會林務局「森林生態旅遊」業務之推廣行動。

第一節　生態旅遊之定義與概念

　　資源導向（resources-oriented）的遊樂場域為了保護區內棲息的較脆弱生物資源，最好能避免大眾旅遊（mass tourism）[1]的使用型態，劃分區塊（zoning）與設置保護帶（protection zones）是一般降低生態衝擊的管理措施（management measures）。避免環境負面衝擊與破壞生物棲息地[2]（habitats）的生態旅遊（ecotourism）則是近三十年來全球推廣的永續旅遊行為，先是在國家公園與自然保留區（natural reserves）場域內採用，現在國家森林遊樂區亦開始陸續仿效並推廣實施。

一、生態旅遊之定義

　　當旅遊活動之遊樂體驗組成分（components）具有天／自然的本質（nature）並在保育觀點下永續利用管理，而此種戶外遊樂活動更有環境

---

[1] 大眾旅遊泛指以大批團客（GIT）操作的旅遊型態。
[2] 生物在自然的情況下居住或棲息的地方。

第九章　樂活休憩：生態旅遊（eco-tourism）

169

教育之知識啓迪功能，謂之生態旅遊（較狹義的生態旅遊概念）。生態旅遊中旅遊化的遊樂活動—生態遊程是主要的體驗過程，而自然生態、環境保育與環境教育則是整個旅遊行程組合（tour packages）所提供之重要知性內容。對管理單位來說，生態維護是不可忽視之旅遊品管工具，但經濟利益卻是旅遊景點區（attractions）永續經營之保證。故生態旅遊是有助於保護地球天然資源、確保社區福益與自然環境永續的保證。

二、生態旅遊之概念

生態旅遊與大眾旅遊之不同點，其實是在「綠色洗禮」的內涵。生態旅遊包含自然環境旅遊、保育觀點旅遊、環境教育旅遊與永續管理旅遊等四個主要成分，扼要說明如下：

㈠自然環境旅遊

自然環境的基本組成分有五類，包括土壤（soil）、水（water）、空氣（air）與動、植物相（fauna & flora）等要素，五類基本要素組合（components）形成了各種具遊樂價值之資源，如：湖泊、溪流、針闊葉樹森林、花木灌叢、綠茵草原、日光陰影、變換雲霧、平原山地、地形起伏（山岳懸崖）、地質地理組成（土質岩層）、飛禽走獸，以及蟲鳴魚躍。此類自然資源多具脆弱本質，如在遊客不當旅遊行為使用下，易受到毀損或破壞，就會失去遊樂利用的價值。

戶外遊樂活動對環境所造成的衝擊，包括土壤沖蝕（soil erosions）、水與空氣汙染（water & air pollutions）、動植物的棲息地被破壞（habitats disturbed）等。這些衝擊都可以透過自然監測的植物演替（plant succession）、水資源循環（water circulation）、野生動物棲息地／生活圈（wildlife habitat）、土壤剖面（soil profile）、微氣候變化（microclimate）的監測（monitored）而得知受到改變的程度。

㈡保育觀點旅遊

植物覆蓋物之型態將決定野生動物呈現的豐富性及分部區域。因為改變棲息地以增加對一種類的承載量，卻可能減少其他種類的承載量，棲地

與野生動物族群演替之間息息相關。

　　為了維持野生動物族群，管理者將必須維持一個舒適的棲息地，包括食物，水，巢及避難的覆蓋物及基底，棲木及餵食區。如果棲息地被改變或清除，依賴在此的野生動物通常也會隨之被滅絕。提供嫩葉（樹葉、細枝，及樹木的幼芽及典型的灌木）是確保食物給野生動物的另一種含意。

　　遊樂活動對植生的衝擊主要是由遊客踐踏所造成的，研究發現，僅做輕度遊樂使用，地表80%植生就會消失，地面覆蓋物的多樣性及植物種類呈現的數量都會大幅度減少。

　　建立步道，栽植有刺樹種或修建竹籬笆就可控制植群遭受踐踏，土壤表面鋪蓋苧麻網撫育幼苗，限制進入旅遊景點區的遊客人數及限制某些造成環境衝擊的遊樂活動都是有效的保育措施（圖9-1）。

圖9-1　以步道鋪面設計進行保育觀點旅遊活動
圖片來源：楊知義（2021）《森林遊樂學》，p.158。

(三)環境教育旅遊

　　生態旅遊直接或間接影響遊客的環境認知、態度與行為，如透過解說牌設施闡釋教育性知識：「請只是帶走相片美景與留下足跡，享受歡樂時光無需傷害生物」（圖9-2）。

圖9-2　環境教育解說牌設施（三限與可使用告示）
資料來源：楊知義（2021）《森林遊樂學》，p.159。

㈣永續管理旅遊

　　生態旅遊的神話故事：生態旅遊與大眾旅遊之不同其實是在「綠色洗禮」的內涵。

1. 生態旅遊有助保護自然資源。
2. 生態旅遊確保社區居民的福益。
3. 生態旅遊是環境生態永續的保證（圖9-3）。

圖9-3　生態旅遊內含永續管理的概念
資料來源：楊知義（2021）《森林遊樂學》，p.159。

第二節 生態旅遊之經營原則與開發之設施

一、生態旅遊的經營管理原則

依據國際生態旅遊協會（The International Ecotourism Society）揭櫫的生態旅遊六項經營管理原則（the principles of ecotourism），在其推出宣傳海報上的條陳爲：

㈠ 最低衝擊。

㈡ 建立環境意識與尊重心態。

㈢ 提供主客之間的正面體驗。

㈣ 從保育中得到財務回饋。

㈤ 讓地區居民得到授權與利潤。

㈥ 增加國內的政治、環境與社會氛圍的暖度（圖9-4）。

圖9-4 生態旅遊的經營管理原則
資料來源：國際生態旅遊協會（The International Ecotourism Society）。

基於上述六項經營管理原則，生態旅遊活動的《遊程設計》原則共有五項，分別爲：

㈠ 享樂與體驗的。

㈡ 簡單與輕鬆的。

㈢ 乾淨與清靜的。

㈣ 生物與環境的。

㈤ 知性與感性的。

二、生態旅遊開發之設施

生態旅遊活動的遊樂機會（recreation opportunities）配套之設施設計需符合的原則有五項，扼要說明如下：

㈠設施簡單與輕量

設施提供，無論是步道、棧道、路橋或纜車，使用的建造材料越簡單越好且均屬於輕量型，藉以限制參與者人數（圖9-5）。

圖9-5　生態旅遊開發之設施符合簡單與輕量原則
資料來源：楊知義（2021）《森林遊樂學》，p.161。

㈡設施狹窄但安全

避免在旅遊途中，同時間、據點遊客的過量使用，動線設施應以狹窄廊道設計為主，但在危險之處，保障遊客的安全防護柵欄仍然是不可或缺（圖9-6）。

圖9-6　架高棧道狹窄但安全
資料來源：楊知義（2021）《森林遊樂學》，p.162。

(三)設施輕巧視野廣

　　為了降低對環境的衝擊又不漏失旅遊體驗的內容，設施宜採用輕巧開放式設計，使遊客能在最少干擾情境下學習與體會，這類保育與遊樂兩全設施類似臺北市立動物園旁邊之「貓空纜車」的水晶車廂[3]，以開放式的強化玻璃增加遊客視野（圖9-7）。

圖9-7　吊橋或貢多拉（gondola）[4]纜車輕巧視野廣
資料來源：楊知義（2021）《森林遊樂學》，p.162。

---

[3] 又稱「貓空纜車之眼」，水晶車廂係將原車廂底部改裝為三層強化玻璃，用以增加視覺刺激，總厚度約48公釐，玻璃重量約213公斤，每部只限乘客5人。

[4] 輕型纜車的車廂。

㈣具知性環境教育。

　　藉由自導式動線設計或由解說員進行雙向的引導式解說，提供具知識性環境教育體驗遊程（圖9-8）。

圖9-8　生態旅遊中具有知性的環境教育體驗
資料來源：楊知義（2021）《森林遊樂學》，p.163。

㈤發展環保的設計

　　環境保護概念設計的設施包括：木樁步道[5]、架高棧道、空中廊道、防風或緩衝綠帶、濕地區水上涼亭等（圖9-9）。

圖9-9　花蓮縣池南馬泰鞍濕地的茅草涼亭
圖片來源：楊知義（2021）《森林遊樂學》，p.164。

---

[5]　疏伐小徑木分段後以木樁樣態舖設於步道之中。

第三節 樂活（LOHAS）概念生態旅遊活動與設施

一、樂活（LOHAS）之詞彙概念

樂活（LOHAS）這五個英文字母是由五個單字的頭文（Initials）組合而成，分別爲：

L—lifestyles.

O—of.

H—health.

A—and.

S—sustainability.

「Lifestyle of Health and Sustainability.」這句口號意味著「健康與永續的生活型態」。

健康意味著身體適能（physical fitness），身體適能所指的是增加身體的適應能力，健康的身體就是指人體的心臟、血管、肺臟及肌肉等組織都能發揮有效機能。有效機能表示：身體狀況能勝任日常工作、身體有應付緊急情況的能力、能避免身體機能退化性疾病之危害及有餘力享受休閒娛樂生活。

二、LOHAS生態旅遊活動與設施

(一)人類獲得身心健康的基本原理

1. 原生（非人造）風景的原生（自然）體驗能鍛鍊主管人類情感的情操（感）腦，使個人情感與理智和諧。大自然中的原風景、原體驗可以幫助孩童抒發情緒與發揮創意，有助人格正常發展。原體驗是運用原始感覺（五感）的體驗，可以鍛鍊我們的情操腦（主宰情感的腦部邊緣組織）／大腦右腦。

2. 在戶外自然生態環境中參與遊樂活動，能使人體沐浴在清新的空氣中，進而身體更健康。根據多國科學家的研究證實，「森林浴」包

含了各種保健與復健的原理，是健康充電最好的方法之一（林文鎮，2000）。

3. 探索與發現自然的戶外生態研習活動，能培養人類與土地資源的情感，而更智慧的利用地球生活資源。

(二)山林情境與人體健康

1. 山林環境有益保健復健。
2. 山林環境中的「生物氣象」效能有益人體生理健康。
3. 山林的原野環境中具有多樣的良性刺激（eustress），是良好的自然健康調養場域。

(三)利用連結五感體驗的活動紓解壓力

人類五感不運用會逐漸退化，只用視覺也讓其他感官功能變得不敏銳。森林充滿五感之美，可誘導遊客發揮五官功能盡情欣賞：

1. 觀賞遠山景與綠情境（運用視覺）。
2. 傾聽蟲鳥鳴與水花聲（運用聽覺）。
3. 呼吸芬多精與百花香（運用嗅覺。
4. 接觸清涼山風與澗水（運用觸覺）。
5. 品味野漿果與甘泉水（運用味覺）。

(四)發揮人盡其才地盡其利物盡其用的道理

召募人才組織成生態旅遊經營團隊，分工合作，開發樂活本質的簡約設施與活動並提供遊客接待服務與管理，讓生態旅遊景點區充滿LOHAS的體驗。

(五)保留原始風景設計刺激情感右腦

人類原本生活在原始情境，瞭解自己是自然界的一部分，對大自然有強烈的感受，與自然很和諧的共生。情感是人性中最原始的部分，思索自然與人類、人類彼此之間的關聯乃是情感所主導，不管是孩童或成人，常處在原始情境中，易生體貼人關懷大自然及敬畏生命的情感，故原始風景

可以刺激情感右腦，激發情緒智商（EQ）。

㈥茂密原始森林中興建高架「芬多精」棧道

1983年起臺灣開始推廣森林浴遊樂活動，口號為「森林浴使你健康活力」，現今科學證明其功效還要再加上「森林浴使你活化腦力」及「森林浴使你提昇EQ」兩項，森林浴就是沐浴在植物散發出的精氣-「芬多精」中，茂密的森林自然鬱閉，遊客健走在其間的步道上既安全舒適又有吸收精氣的良好效果。

㈦設計具知性體驗之野生動植物生態遊程

在生態旅遊景點區內偏遠的地帶，設計自導式或引導式[6]步道或電動車道，提供遊客生態旅遊的遊程是很好的遊樂活動選擇。透過解說站提供的資訊，遊客可以獲得充滿知性與感性的生態旅遊體驗。

第四節　林務局森林生態旅遊之推廣行動

行政院農業委員會林務局在2002年編印的森林育樂手冊中曾詳述其巡迴宣導的生態旅遊實務，重要的工作內容說明如下：

一、傳達生態旅遊的概念

㈠緣由

2002年是國際生態旅遊年，年初，行政院會配合宣布該年為臺灣生態旅遊年，同時通過農業委員會林務局所擬的「2002年生態旅遊年工作計畫」。

㈡生態旅遊之意涵與原則

國際自然保育聯盟（IUCN）稱生態旅遊是一種具有環保責任感及啟發性的旅遊方式，生態旅遊含有科學、美學、哲學方面的意涵，但並不限定旅遊者一定是這方面的專家。生態旅遊的基礎觀念建立在保育是積極的

6　由解說人員引領，亦是逐站解說，具雙向溝通效果。

行為，包括對自然環境的保存、維護、永續性的利用、復原及改良。

二、擬定生態旅遊之推展工作步驟

生態旅遊的目的在解決自然生態觀光旅遊及地方社區發展三者間的問題，希望在環境保育、觀光旅遊與社區經濟永續下發展。依據人類學習的原則，動態的經驗優於靜態的知識，親自參與優於間接的替代學習。因此，生態旅遊必須透過縝密的解說規劃才能導引遊客在活動過程中享受森林的奧秘，進而產生保育自然的觀念與行動，同時啓發遊客如何尊重及照顧當地的社區住民與文化。

林務局對已規劃建構之生態旅遊遊程採用三項邏輯活動進行：示範、實驗、推廣；如何推展，說明如下：

㈠示範活動

生態旅遊是旅遊團體時尚的旅遊行程選擇，跟團遊客們認同觀光旅遊與環境保護並重的理念，是以供應面之政府組織、非營利團體與營利事業應定期或不定期舉辦生態旅遊示範活動，向市場潛在消費者推薦遊程內容特色，以擴大宣傳爲目標。

㈡實驗活動（試營運）

當生態旅遊遊程規劃完成，須進行針對目標市場的試營運實驗活動，由各林區管理處自行對外招募或結合旅行社對外招募旅遊團體，以「團進團出」的收費方式辦理。招募以20人至40人的團體爲主，搭乘1～2輛中型巴士參訪生態旅遊景點，亦可套裝設計旅遊地區季節特色與文化節慶。

辦理實驗活動時，行前解說應介紹遊程、自然資源、人文特色、旅遊規劃與安全事項等內容，行進中，則因地制宜或因人制宜[7]執行生態解說，使各個環節皆具有知性與感性的環境保護意義。

旅遊套裝行程中的餐飲住宿與購物活動，應以生態環保爲訴求並且強調社區與永續產業。

---

[7] 隨參與的社群對象而調整解說內容。

㈢推廣活動

　　為使國人對生態旅遊充分體認，需加強推廣活動，除一般性的媒體宣導、影片宣導、活動宣導外，應往下扎根，結合九年一貫教育課程，針對不同年級課程的需要，設計生態旅遊遊程，以中小學校戶外教學目標達到環境保護目的。

　　透過有生態旅遊觀念的旅行社，設計主題遊程並上架銷售給具生態環境保護共識的遊客參與活動。

　　生態旅遊相對於大眾旅遊是一種以自然資源為導向的旅遊觀念，是一種兼具自然保育與遊憩發展的活動且是以生物多樣性保育及永續利益為原則之旅遊模式。因此，生態旅遊必須透過縝密的解說規劃，才能導引遊客在活動過程產生保育自然的觀念與行動。

問題及思考

1. 生態旅遊的內涵為何？
2. 屬於生態旅遊行程內的遊樂活動與設施組合包括那些項目？
3. 人類生命的延續與樂活概念的生活之間有那些重要關聯？
4. 自然環境中能夠提供那些樂活內容的生態旅遊活動？

第十章 飲食（food & beverage）流行文化

Chapter 10　Popular Culture on Food & Beverage

學習重點

➤ 知道一則人與巧克力結緣故事：金莎巧克力的故事。

➤ 認識巧克力在人類社會的熱潮史。

➤ 瞭解成為美食佳餚的必備元素。

➤ 熟悉食物與飲料（food and beverage）流行成潮的基本原理。

第一節　金莎巧克力與彼得羅・費列羅（Pietro Ferrero）的傳奇

　　金莎巧克力（FERRERO ROCHER）是義大利糖果廠商費列羅的巧克力產品。巧克力商品有一層脆殼薄皮，外面裹覆著巧克力混搭榛果碎顆粒，用以刺激酥脆的齒感，而內餡裡則包著增進口感味蕾刺激的榛果醬及一粒榛果，每顆巧克力均以具價值感的外金內銀色錫箔紙包裝、白色立體小貼紙商標則貼在包裝錫箔紙上，最後再以吸睛用經典咖啡色條紋小紙杯載裝。早期的金莎巧克力都是在義大利製造，但現在已由廠商授權給加拿大、德國和波蘭等國家製造。

一、金莎巧克力王國的發跡

(一)彼得羅・費列羅（Pietro Ferrero）

1. 義大利商人彼得羅・費列羅（Pietro Ferrero，1898～1949）是義大利糖果和巧克力公司費列羅（Ferrero SpA）的創始人。對巧克力充滿熱情，曾研發出榛果巧克力抹醬（Nutella可可醬）、Tic-Tacs（綜合水果

183

涼糖）及各種健達（Kinder）巧克力（圖10-1、10-2、10-3）。

圖10-1　彼得羅・費列羅（Pietro Ferrero）
圖片來源：維基百科。

圖10-2　Nutella可可醬、Tic-Tac涼糖及Kinder巧克力
圖片來源：蝦皮購物。

2. 1949年過世後由獨子米契爾・費列羅接手其事業，孫子為小彼得
　羅・費列羅（Pietro Jr. Ferrero，1963～2011）與喬瓦尼・費列羅
　（Giovanni Ferrero）兩兄弟。

圖10-3　榛果巧克力抹醬（Nutella可可醬）
圖片來源：蝦皮購物。

(二)米契爾‧費列羅（1925～2015）

1. 第二代傳人米契爾‧費列羅（Michele Ferrero）在2011年成為義大利首富（資產220億美金），金莎巧克力是他花了五年時間研發出來的嘔心瀝血之作.（圖10-4、10-5）。

圖10-4　米契爾‧費列羅（Michele Ferrero）逝世於2015年2月14日
圖片來源：https://www.newser.com/tag/57877/1/pietro-ferrero.html.

2. 米契爾‧費列羅常搭私人直升機從摩納哥（Monaco）[1]的別墅到金莎

1　摩納哥是一個微型國家，鄰近法國南部蔚藍海岸的尼斯（Nice），經濟所得多來自於蒙地卡羅的博弈娛樂場及觀光旅遊收入，以不向國民課稅而聞名，有避稅天堂之稱。

圖10-5　金莎巧克力顆粒包裝精美
圖片來源：蝦皮購物。

王國發跡地義大利西北部皮埃蒙特（Piemonte）的艾爾巴（Alba）[2]的個人實驗室研究產品。

（三）小彼得羅・費列羅與喬瓦尼・費列羅兄弟

1. 米契爾・費列羅的大兒子，小彼得羅・費列羅（Pietro Ferrero Jr.，1963～2011）於2011年4月18日在南非的一次自行車事故中去世，享年四十七歲。

2. 費列羅集團目前由其弟執行長喬瓦尼・費列羅（Giovanni Ferrero）所領導，包括38家貿易公司、18家工廠和大約4萬名員工，每年生產約36.5萬噸Nutella巧克力醬（圖10-6）。

二、金莎巧克力王國的商品

（一）健達出奇蛋

1. 健達出奇蛋（健達SURPRISE或健達Egg）是小塑膠蛋內包兒童玩具的巧克力蛋，1974年問世，這項產品是米契爾・費列羅叮囑員工「讓小孩每天都有復活節彩蛋[3]驚喜」[4]的糖果巧克力產物（圖10-7、10-8、10-9）。

2　糖果商費列羅總部即位於此，艾爾巴是著名的義大利白松露主要產區。

3　彩蛋對人類的驚喜特性現由漫威電影系列用來打預告片廣告。

4　「三個願望一次滿足！」為健達出奇蛋（Kinder Surprise）的發明執行者沙利斯（William Salice）是老闆費列羅（Michele Ferrero）的得力助手。

圖10-6　費列羅集團執行長喬瓦尼・費列羅

圖片來源：壹讀：財經（https://read01.com/4G53zeO）。

圖10-7　健達出奇蛋的上市廣告海報

圖片來源：https://www.kinder.com/tw/zh/the-kinder-story。

圖10-8　健達出奇蛋內置180種不同款式玩具

圖片來源：https://www.kinder.com/tw/zh/the-kinder-story。

圖10-9　「三個願望一次滿足！」健達出奇蛋（Kinder Surprise）
圖片來源：蝦皮購物。

2. 健達出奇蛋的商品演進紀事

(1)健達出奇蛋到健達奇趣蛋：新商品健達「奇趣蛋」的宣傳口號爲「從180個驚奇到更多更多的歡樂」（From 180 surprises to much more joy），（圖10-10）。

圖10-10　兒童專屬的新商品健達「奇趣蛋」
圖片來源：費列羅臺灣官網。

(2)從男女孩專屬玩具的類別區分藍（for boys）紅（for girls）包裝的健達奇趣巧克力蛋（圖10-11、10-12）。

圖10-11　健達「奇趣蛋」用包裝顏色區分為男女童款項
圖片來源：費列羅臺灣官網。

圖10-12　男女童款項依性別偏好內置玩具
圖片來源：費列羅臺灣官網。

(二)西西里檸檬口味甜點（Gran Soleil）

　　「冰過」後再搖一搖就會變成冰淇淋（雪糕）。據說，這款產品是專門為中國大陸、印度和非洲地區國家等運輸條件不佳的市場所設計的（圖10-13）。其他廠牌目前在市場銷售的冰品甜點或套餐飲品類型尚有冰糕、冰淇淋、霜淇淋、果昔等，分述如下：

圖10-13　西西里檸檬口味甜點
圖片來源：https://www.brandfan.it/opinioni/gran-soleil。

1. 冰糕（Sorbet/Sherbet）：流行於歐洲的一種西式甜品，口感有點類似冰淇淋，其製法是將新鮮水果冷凍至結冰後，再用高速果汁機研磨攪拌製成冰沙。Sorbet通常不會額外添加糖分，主要以表現水果本身的香甜風味爲主，故熱量低，冰糕（Sorbet）是非常綿密且極爲可口的冰品點心，其內僅含有5～10%比例的牛奶成份，適合對牛奶敏感的消費者食用（圖10-14）。

圖10-14　芒果與柑橘水果製作的冰糕
圖片來源：https://www.allrecipes.com/recipe。

2. 冰淇淋（Ice cream）：冰淇淋（Ice cream）是以乳製品加入水果或其他成分和香料大量地與空氣攪拌（過成中避免形成冰晶）快速冷凍而成，冰淇淋中的乳脂成份至少爲重量的10%（圖10-15）。

圖10-15　各種口味的球狀冰淇淋甜品
圖片來源：作者於漢來自助餐廳拍攝。

3. 霜淇淋（Frost cream）：霜淇淋是一種質感較柔軟的冰淇淋，在1930
   年代由英國的約瑟夫·里昂食品公司（J. Lyons and Co.）所發明，與
   一般冰淇淋比較，霜淇淋的乳脂含量較低，為3%至6%，一般冰淇淋則
   為10至18%），而且霜淇淋攪拌加入的空氣含量較高（可以達到60%）
   （圖10-16）。

圖10-16　添加人工色素呈現五顏六色的霜淇淋
圖片來源：作者拍攝於街邊攤商。

4. 果昔（Smoothie）：用新鮮冷凍水果加入優格等配方（添加益生菌類
   的乳製品），置入果汁機中拌打製成綿密的酸甜繽紛飲料，以不同配

方比例藉以呈現各種水果的自然風味（圖10-17）。

圖10-17　優格與新鮮冰凍水果打汁攪拌成果昔飲品
圖片來源：Jumba Juice臺灣官網。

㈢金莎其他商品：雪莎巧克力、蛋糕、冰淇淋甜筒與冰淇淋巧克力棒

1. 雪莎巧克力：又稱拉斐爾巧克力（Ferrero Raffaello），雪莎與金莎的製作模式相似，但配料不同，巧克力內含有原粒杏仁，巧克力表面由大量椰絲包裹，業者推稱為「佐白酒佳品」。

2. 蛋糕（Ferrero Rocher Cakes & Raffaello Cakes）：內餡為蛋糕或冰淇淋外面裝飾金莎或雪莎巧克力（圖10-18、10-19）。

圖10-18　金莎巧克力甜點蛋糕
圖片來源：dilicious.com.au。

圖10-19　金莎巧克力冰淇淋蛋糕
圖片來源：taste.com.au。

3. 冰淇淋甜筒（Ice Cream Cones）：甜筒狀冰淇淋，二次加工以糖果、
餅乾、爆米花或巧克力等組合，外包裝則有粉紅與藍色紙筒、玻璃紙
及飾帶（圖10-20）。

圖10-20　金莎巧克力冰淇淋甜筒
圖片來源：Ferrero.com。

4. 冰淇淋巧克力棒（Ice Cream sticks）：迷你尺寸，共有3款口味，其中
包括：經典榛子原味（classic）、黑巧克力榛子味（dark）和白巧克力
椰子味。（圖10-21）。

圖10-21　金莎巧克力迷你冰淇淋棒

圖片來源：Ferrero.com。

(四)金莎創新上架甜點商品

1. 榛果巧克力威化棒（Nutella B-ready）：以烘烤至金黃色澤的鬆脆威化夾心餅[5]為外層，其內餡搭配費列羅的能多益榛果可可醬，其中並混合加添具咀嚼齒感的小麥脆米片。

2. 快樂河馬黑白巧克力（Kinder Happy Hippo）：用牛奶、巧克力、榛果子醬、威化餅等製作成一隻造型可愛的小河馬，內含的巧克力有黑及白兩款。

第二節　巧克力在人類社會的發展概觀

一、巧克力的由來

　　巧克力（chocolate）是以可可做為主材料的一種混合型食品，主要原料為可可豆，產於赤道南北緯線18度以內狹長地帶。巧克力含有豐富的鎂、鉀和維他命A以及可可鹼（Theobromine）[6]，對多種動物有毒，但對人類來說，可可鹼是一種健康的反鎮靜成分。巧克力主要成分是高

5　一種澎化的夾心餅乾（wafer），內含糯米粉，為長條形狀，表面滿布細小方格，中間有兩至三層的甜味餡料。

6　甲基黃嘌呤類生物鹼，存在於可可樹和巧克力中，可可鹼是苦味的無色或白色晶體，可溶於水，最知名效應則與心臟有關，可可鹼會加速心跳、擴張血管，進而降低血壓，並可以增加「好」膽固醇，有助避免膽固醇堆積於血管壁。

脂肪的可可脂與低脂肪的可可塊。南美馬雅人（Mayans）與阿茲特克人（Aztecs）飲用一種可可豆加水和香料製成的飲料，傳入歐洲後成為非常受歡迎的飲料之一。

　　西班牙人將可可豆加工研磨成粉狀，加入水和砂糖後，加熱製成飲料稱為「巧克力」，受大眾的歡迎。義大利人稍後學會製作方法，且傳遍整個歐洲。

二、巧克力的種類

(一)榛果巧克力（Gianduiotto chocolate）：

　　由糖、可可和榛子製成，質地很硬，作為半成品或製作巧克力餡等，可可脂含量高於50%。

(二)黑巧克力（Dark chocolate）：

　　或稱純巧克力，硬度較大，微苦，是一種含有可可粉和可可脂的巧克力，純可可脂含量高於50%，不含牛奶巧克力中的牛奶或奶油。黑巧克力對健康影響不大，如降血壓等。

(三)牛奶巧克力（Milk chocolate）：

　　含10%的可可漿，以及12%的乳質，由可可液塊、可可粉、可可脂、乳製品、糖粉、香料和表面活性劑等製成。

(四)白巧克力（White chocolate）：

　　不含可可粉，有可可脂，乳製品和糖粉的含量相對較大，甜度高，可可脂是令巧克力在室溫時保持固體而又很快在口中融化原因，和其他巧克力不同的是它不含咖啡因，外表成現象牙白色（圖10-22）。

三、巧克力的熱潮

(一)流行甜品

　　1847年，巧克力飲料中加入了可可脂，製成如今人們熟知的巧克力塊（可咀嚼食用）。1875年，瑞士發明了製造牛奶巧克力的方法，從而

圖10-22　各類各樣的巧克力成品
圖片來源：維基百科。

有了現在所看到的巧克力。

　　巧克力是一種溫和的興奮劑，具有抗癌、刺激大腦活動、預防咳嗽和止瀉等功能，「具有健康和營養的優點」，故深受社會大眾喜愛（圖10-23）。

圖10-23　各式各樣的巧克力精品包裝在禮盒中
圖片來源：作者拍攝禮盒內容。

(二)戀愛聖品

　　巧克力和紅酒、咖啡一樣，會因為不同的豆種或產區而產生風味上的差異，單一產區或單一豆種，會將風味上的差異性突顯的更加明顯，巧克力香醇、甜美的味道，象徵著情人或伴侶之間的甜蜜與浪漫，讓人重新回憶起初次見面的怦然心動、戀愛時光。吃甜甜的巧克力，因為含糖，能夠讓人類大腦皮質分泌荷爾蒙「多巴胺」（Dopamine）[7]，也就是談戀愛時，因為愛情所激發出來的，戀愛多巴胺加上巧克力內讓精神放鬆的可可鹼是創造羅曼蒂克感的獨門配方，紅酒、燭光與甜點則是人類社會另一項晚餐的浪漫佳餚（圖10-24）。

圖10-24　巧克力一向被視為情侶戀愛聖品
圖片來源：作者自攝禮品。

(三)可可亞（cocoa）的百分比多樣化

　　商品多樣化是紅海市場競爭的基本裝備，糖果巧克力也不例外，因為可可亞為主要原料，所以可可亞佔巧克力的百分比就成為區別的標準，另外影響口味的添加物，如橙汁、莓果、含油量高的果實、海鹽或糖衣就成為潛在市場商品定位的元素（圖10-25、10-26）。

7　人類的腦皮質部有一個樂趣區（The pleasure Area），環境或個體思考的刺激若傳達至此區，腦神經受體（突觸）會反應分泌多巴胺激素（荷爾蒙），隨血液中濃度而產生遞增的快樂幸福感。

圖10-25　巧克力以可可亞百分比多樣化商品

圖片來源：作者自攝商品。

圖10-26　瑞士蓮巧克力以多種口味為商品定位

圖片來源：作者自攝商品。

四、巧克力好吃的口感與味（意識）覺元素

巧克力糖果本質符合食品好吃的條件[8]，但要在強度甜點競爭市場中脫穎而出並保持穩定領先地位，則巧克力尚需整合融入（integrated）滿足消費者生理與心理需要（needs）的感官刺激元素，說明如下：

㈠口（齒與口腔觸覺）感刺激

1. 入口咬起來外皮酥脆（有彈牙齒感）。
2. 咀嚼後口腔柔順滑潤（濃郁的舌感）。

㈡舌的味蕾（味覺）刺激

甜而不膩或間雜飄絲的鹹味，若間雜一點點苦味、酸味、醇酒味甚或是辣味，那也只能是客製化的甜點。

㈢感動（心理意識）刺激（touching consumers' heart）

口味相宜到油然而生羅曼蒂克浪漫（romantic）的美感，藉亮麗精美的包裝挑動視覺的亮眼極致、藉糖與可可鹼催化腦部樂趣區多巴胺的濃度，我們的內心因多重快樂的累積而動心（revs your heart）。

五、流行一時的雷神巧克力特色

㈠2013年9月，雷神巧克力在臺灣爆紅。

日本有樂製菓所發售的雷神系列最早推出黑雷神，是內含可可餅乾的牛奶巧克力棒。2013年9月大雷神突然在臺灣市場暴紅，統一超商公共事務部分析原因，一是大雷神分量大又不貴，學生覺得好吃，就在網路上分享，造成商品搶購潮；其二是春節時推出袋裝限量款，正好滿足職業婦女辦年貨的需求。

㈡雷神巧克力商品推陳出新的過程

1. 黑雷神：可可脂量少，內餡為可可餅乾（圖10-27）。

8　食品好吃的基本條件為高油、鈉與糖，對於新陳代謝能力差的族群，皆屬不健康的料理。

圖10-27　內餡為可可餅乾的黑雷神巧克力
圖片來源：康太數位整合股份有限公司。

2. 黑雷神巧克力饅頭：內餡為巧克力與可可餅乾（圖10-28）。

圖10-28　內餡為黑雷神巧克力的饅頭甜點
圖片來源：作者自攝商品。

3. 大雷神：口味進行升級改版，大幅增加巧克力的份量，口感相對提昇（2012年3月19日）（圖10-29）。
4. 紅雷神：內餡為花生牛奶巧克力，多了濃郁的花生味。
5. 白雷神：將黑雷神外層包的巧克力，改成了白巧克力。
6. 桃色雷神：將黑雷神外層包的巧克力，改成了紛紅色的草莓巧克力。
7. 黑雷神雪糕：2014年3月在日本便利商店開賣，雪糕裡添加更多的巧克力，口感近似黑雷神巧克力。

圖10-29　曾在臺灣流行一時的大雷神巧克力
圖片來源：作者自攝商品。

第三節　珍饈佳餚與美味飲品

　　我們常聽過老人家口中的一句話—「肚子餓了什麼都好吃」，這是因為在餐前飢餓時，人體荷爾蒙飢餓素（Ghrelin）在血液中濃度最高，此種由腸胃道的內分泌細胞所分泌的激素，其中又屬胃分泌最多，它能夠增加食物攝取，進食後濃度降低，飢餓素能增加胃的活動性和胃酸分泌，能夠活化腦垂腺前葉和下視丘弓狀核中的細胞，包括可引起食慾的神經肽Y神經元，讓進食者誤以為餐點好吃[9]。現代社會除了「飢餓行銷」外，外食（dining out）還是要靠美食佳餚來增加商業競爭力的。

一、珍饈佳餚

　　食材新鮮是珍饈佳餚成功的一半，宋朝的蘇東坡在其《浣溪沙‧細雨斜風乍曉寒》千古名作中有段詩詞「蓼茸蒿筍[10]試春盤，人間有味是清歡」，說明了新鮮食材便是美味飧食，茶、可可、咖啡等植物性基底的飲料也是如此，只要成品新鮮就好喝。

---

[9]　清末慈禧太后躲八國聯軍戰亂時也曾有過食平民粗食，卻以為是人間美味之經驗。
[10]　溪邊河岸本植物蓼與蒿新發出的嫩芽用以製作生菜。

㈠食品美味之基本原理：五感刺激多，色香味俱全。

1. 色多樣與濃郁（視覺）。

2. 具芳香與清香（嗅覺）。

3. 食材新鮮軟嫩（味覺）。

4. 進餐時配樂曲（聽覺）。

5. 設施齊全質好（觸覺）。

6. 服務品質佳（意識覺）。

㈡口感佳的食譜菜色：多油（酥脆）、加糖（糖衣與甜心）與高鈉（Sodium, Na）[11] 添加物。

1. 炸過的食材。

2. 勾芡起鍋的食物。

3. 五味料（酸、甜、苦、辣、鹹）酌加味精調味。

㈢包裝華麗的賓客進食情境：上菜秀（Hide Uena）[12] 與歌舞秀。

1. 出菜前前場人員端盤走秀。

2. 舞臺歌舞表演。

3. 現場樂器演奏。

二、美味飲品

㈠軟性飲料（soft drinks）

1. 好喝／滋味佳的原理

(1)與食物一樣，五感刺激多：色、香、味俱全，最好是五顏六色或能凸顯出多采多姿的感覺（圖10-30）。

(2)飲料的溫度要適當：熱飲要熱騰騰（用喝的要稍低溫、用啜飲要稍高溫），冷飲要冰涼透透（8°～12℃）。

(3)具辛辣味加氣泡或特酸甜的冷飲要加入冰塊，藉低溫降低舌頭對味

---

[11] 鈉是維持人體機能正常運作的必需元素，是神經傳導和肌肉收縮所必需的物質。不少食物或調味料吃起來感覺沒有特別鹹，可是鈉含量卻很高（2400毫克是健康攝取量）。

[12] 喜宴出菜前藉聲光色彩歌舞律動展示菜色，屬娛樂經濟學一環。

圖10-30　調製飲料色香味俱全最優

圖片來源：作者自攝學生展品。

　　覺的靈敏度，只會讓飲者感覺微辣與酸甜的好口感。

　　⑷飲用時的氣溫高低是個重要的變數，這是侍者要特別注意的。

2. 舌頭的味覺與口腔壁的觸覺決定飲料的滋味（圖10-31）。

圖10-31　佐餐用多樣風味的飲料

圖片來源：作者製作。

人類的舌頭可以分辨酸、甜、苦、辣、鹹等五種味道[13]，雖然其中「辣」不屬於味覺而是痛覺，但也是一種滋味。甜味的感受是在舌尖，苦味的感受是在舌根，酸跟鹹味則是在舌頭的兩側。味覺透過味蕾細胞感受，味覺會隨著年紀老化，但對甜味感覺存活最久，適時補充鋅能增強味覺，或是補充維他命A、B12、葉酸能維持味蕾完整。

(二)酒精性飲料

1. 酒精是種中樞神經系統抑制劑，對大腦內某些特定區域具有影響力。酒精具有抑制人類自主神經功能作用，使心跳與呼吸頻率放慢，故能助興。葡萄酒中含有糖、胺基酸、維生素、礦物質，這些都是人體的營養素，而紅葡萄酒能使血中的高密度脂蛋白（HDL）升高，而HDL的作用是將膽固醇從肝外組織轉運到肝臟進行代謝，所以能有效的降低血膽固醇，防治動脈粥樣硬化，針對以上歸納之，適量飲酒對一般大眾來說，利大於弊，對餐酒館來說，酒精性飲料更是商家盈收神器（圖10-32）。

2. 宴會助興的飲料香檳（Champagne）[14] 或氣泡酒（Sparkling wine）：氣泡酒的氣泡是二氧化碳通過酒的發酵在瓶內或大型儲酒缸中自然形成，與我們目前飲用的無糖氣泡水或加糖汽水內二氧化碳的生成是不同的，倒是與冷泉（cold spring）或熱礦泉（spa）內碳酸氣泡雷同，氣泡在減壓浮動過程中變大，能增加按摩感觸覺刺激，讓使用者（users）能有享樂之感（圖10-33）。

---

[13] 一般海鮮餐館會準備一種料理調味醬料，稱作「五味醬」，常用在桌菜冷盤，以醬油膏、薑、蒜、白醋或檸檬汁、砂糖、番茄醬為基礎，增加生猛海鮮的多樣滋味。

[14] 香檳是氣泡酒的一種，除了法國之外，其他國家中也生產能媲美香檳的氣泡酒，如義大利的普羅塞克（Prosecco）汽泡酒，不管是香檳或是普羅塞克，釀製汽泡酒原料的葡萄都是精挑細選。

圖10-32　瓶裝酒精性飲料
圖片來源：作者製作。

圖10-33　汽泡酒
圖片來源：作者自攝商品。

三、臺灣特有飲食流行文化

　　臺灣社會的普羅大眾飲食男女的通性為喜愛美食，到哪裡都要大吃大喝，最好是菜色餐食「便宜又大碗，大碗又滿盈」，所以夜市（集）、購物商場美食街與大型餐廳或五星級觀光飯（酒）店的自助百匯「包肥餐」

（buffet）¹⁵ 便成爲聚會用餐首選，至於塡飽肚子也以多樣或多道菜色選擇的餐館或平價食堂爲主（圖10-34）。

圖10-34　大型餐廳提供應時的吃到飽自助百匯
圖片來源：瘋美食（https://www.fonfood.com/store）。

問題及思考

1. 義大利費列羅集團研發巧克力新商品的研究室，位在該國那個地方？

2. 巧克力的類別有那一些，如何區分之？

3. 廚師製作美食佳餚前，對於挑選食材的要求有何先決條件？

4. 「便宜又大碗，大碗又滿盈」是臺灣社會的飲食流行文化，五星級酒店提供的那一類的餐食最能符合此種消費者期待？

15　All you can eat吃到飽自助餐。

第十一章 衣著（dress matters）流行文化

Chapter 11　Popular Culture on Dress Matters

學習重點

➢ 知道主流與流行服飾之概念與類型。

➢ 認識名牌與潮牌的流行服飾文化。

➢ 熟悉流行服飾形成潮流之要素。

➢ 瞭解求職面試時的適宜穿著與之前的準備工作。

第一節　主流服飾概述

　　「人要衣裝、佛要金裝」這句話的意思是說：一個人需要借衣服的裝扮使外表看起來更有稱頭，有如型男及美女的吸睛外觀或紳士與淑女在妝扮後具有的高雅樣貌，成為眾人欽羨的對象。

　　流行服飾引導流行時尚，在義大利米蘭（Milano）[1]或法國巴黎（Paris）的時裝展（fashion show）伸展臺上，時尚模特兒吸引觀展現場座椅上為數眾多成衣商目光的原因為何？西班牙的衣裝品牌颯拉（ZARA）、日本的服飾品牌優衣庫（UNIQLO）或瑞典的海恩斯莫里斯服飾（H&M）之上架陳列商品能成為平價「潮牌」的原因為何？這是本課堂時段要與同學們觀念分享的課題與討論部分。

　　主流服飾源於傳統的主流社會，中世紀封建制度之宮廷皇室與貴族之服飾皆遵循古禮的儀式（ritual）制定，故首重形（型）制（shape and

---

[1]　米蘭是世界時尚和設計之都，商業、工業、音樂、體育、文學、藝術及媒體皆具有全球重要影響力，也是一個主要的全球城市。

structure）[2]，造形爲先，色統（黑白與紅藍）次之。

　　皇室貴族在正式場合穿著的服飾因爲具有社會身分地位之象徵，所以絲、綢、綿、毛等價格高且觸覺質感較佳、視覺美好之原料成爲衣料的首選。

　　主流服飾具備「美觀」的「形」、「色」、「質」三個美的要素「套件」，缺一不可，也就是說，少其中的一樣元素，就不會成爲主流服飾。

　　主流服飾在本質上具備美觀的必要元素，故不管是個人或群體，於社會體制內重要的正式場合，總是以之爲體面的穿著，我們常在電影或電視影集中看到王室加冕儀式中，國王或王子穿著披風（platform），人顯得很帥氣，因爲披風是型制的一環，在眞實生活中，火車站的月臺、走秀的伸展臺、教室的講臺、平臺與披風都是用同一個英文字Platform，傳統文化經驗告訴我們，有些服飾或設施有助於使用者展現出令人賞心悅目或心生景仰的優勢地位（圖11-1）。

圖11-1　合奏練習時便裝與演出正式穿著的視覺差異
圖片來源：http://www.bddhw.cn/6232.html。

2　指服飾的形狀、款式。

一、主流服飾的充分必要元（要）素

㈠主流服飾之禮節（Etiquette）要素

1. 主流服飾根於儀禮[3]，西方禮節的精神所在是「約束自己，敬重他人」，故衣著看起來一定要具有莊重、典雅、華麗與高尚等取悅他人感官視覺之氣質美是必備之衣飾要素。

2. 一般說來，傳統名牌服飾在服裝設計師專業知能的自然融入之下，多已具備符合禮節的視覺氣質要素，所以在名流聚會的慶典場合，與會名人雅士幾乎皆穿著的非常得體。

㈡主流服飾之經典（Classic）要素

1. 黑與白色在人類社會歷史文化傳承中是經典顏色，而金與銀色則是價值顏色，故主流服飾以黑白色搭配為主，配件則為包含具有高明度（Brightness）與彩度（Chroma）的金銀色飾物。

2. 男士穿著深色或純黑色西裝套裝（suits）是最正式場合的西裝，襯衫長袖略長過西裝的袖口兩公分，襪子的顏色與質感應與褲子搭配，須同一個色系，長度要到小腿肚，坐下時不能露出小腿肌膚，正式的黑漆皮鞋是要有鞋帶的。

3. 女性穿著簡單高雅的套裝、褲裝、襯衫或及膝裙，搭配1～2吋的高跟鞋（五公分以下）、隨身配戴的首飾以小巧精緻為原則，隨身皮包則以肩背式之方形包為最佳。

二、男士的禮服與服飾（Formal Dresses）

男士（gentlemen）正式場合穿著的服裝：禮服是以儀禮來定裝，分為重要慶典國宴的大禮服（White Tie[4]）與一般喜慶宴會的小禮服（Black tie[5]）裝扮，說明如下：

---

3 禮儀制度，範圍從個人、社會到國家之禮，對於進行程序、參加者動作、器物擺設等規定。《禮記‧曲禮上》說：「禮不下庶人。」意味著有身份地位的紳士才講儀禮。

4 因為此正式服裝一定要著白色領結，故貴賓邀請卡上會註明"White Tie"。

5 因為此種儀式服裝多半穿著黑色領結，故貴賓邀請卡上會註明"Black Tie"。

㈠大禮服

　　黑色燕尾服（full dress Tailcoat）及褲縫邊鑲有綢緞飾帶（共兩條）之黑長褲，硬胸襯衫、前有可分離的花飾衣領、以金質或珍珠領扣（collar button）扣緊，背心，白色絲緞具泡泡皺紋領結（bow tie）。亮漆黑皮鞋及絲襪、白色小羊皮手套、黑色銀杖頭拐杖、黑色斗篷（圖11-2、11-3）。

圖11-2　男士大禮服飾的樣式幾乎數千年都不變
圖片來源：https://jaxsonmaximus.com/。

圖11-3　伊莉莎白女王二世與菲利普親王伉儷接待美國總統夫婦
圖片來源：路透社。

(二)小禮服

　　上裝通常為黑色，左右兩襟為黑緞，夏季則多採用白色，是為白色小晚禮服。褲子均採用黑色，左右褲管的車縫裝飾以黑色緞帶。白色硬胸式或百葉式襯衫，黑色橫領結（bow tie），黑襪子，黑漆皮鞋（圖11-4）。

圖11-4　英國查爾斯王子與黛安娜王妃穿著小禮服接待美國雷根總統夫婦
圖片來源：維基百科。

三、男士社交工作與非正式的服飾（Casual Dresses）

(一)男士的套裝（Men's suits）

1. 英國紳士（Gentlemen）之穿著為：

　　(1)深色或灰色西裝，上有針狀條紋，純棉或羊毛。寬鬆通風，袖口各四個扣子。單或雙排扣，坐時，單排兩扣，扣好較上之鈕扣；單排三扣，扣好中間之鈕扣；雙排扣則扣好最低的兩個鈕扣，站立時也可以扣好其他鈕扣。

　　(2)如果穿背心，即使在坐下時最下方的扣子也要扣好。

　　(3)棉質襯衫，衣領簡潔，白色、奶油色或淡藍色，如果衣服上有條

紋，則要紋理分明。

⑷黑或深色的長襪子，襪筒要夠高，當坐下時，絕對不可以露出小腿
的肌膚（圖11-5、11-6）。

圖11-5　男士的套裝穿著
圖片來源：https://news.yahoo.com/。

圖11-6　英國紳士之套裝穿著
圖片來源：大眾運輸車廂廣告。

2. 英國紳士的禮貌（manner）

　(1)英國成年男士的穿著符合禮節，很體面，所以看起來很有紳士風
　　　範。

　(2)但這個壯遊（Grand tour[6]）始祖的國家，社會受制於封建制度的階
　　　級傳統沿襲，所以成年後的紳士，雖然出身高貴，但很多人是有禮
　　　節可是沒有禮貌。

　(3)禮節形之於外，禮貌則發自於心，所以對於沒禮貌的高貴紳士，要
　　　常保持著警戒心。

(二)男士的輕裝（Menswear）／外出休閒服飾

　　輕薄的西裝外套，內搭一件針織質地的Polo衫和休閒的西褲，穿一雙
皮質運動鞋，既舒適也不失體面。輕薄的外衣，雖然不具有實質的保暖功
效，卻能夠在春與秋季中增添搭配的層次。

　　外穿一件較舒適的牛仔外衣，搭配牛仔褲再加上一雙皮質的休閒鞋，
既簡單又穩重。即使是穿著一件簡單的白T恤與大男孩風格的工裝褲也可
營造出俐落感，如果要做運動，腳上改穿著一雙小白球鞋就可以出門了
（圖11-7）。

圖11-7　男士在平日外出休閒穿著的輕裝
圖片來源：https://www.vogue.co.uk/fashion。

6　歐洲貴族子弟的一種傳統的成年禮旅行，盛行於十八世紀的英國，留下了豐富的文字記述。

四、女士正式的服飾：禮服（Formal Dresses）

女士禮服的風格造型、色彩裝飾、質料配飾豐富多彩，成為女裝中的亮點。由於是屬於重大場合所穿，因此要特別講究禮儀。西方女士禮服，共分為三種：大禮服，小禮服及常禮服。

(一)大禮服

又稱晚禮服，參加重要晚宴的禮服，西方社會晚上8點以後舉行的重要宴會都需要穿著晚禮服，以表達對於主人及貴賓們的尊重，長禮服呈現女性形體風韻，袒胸露背式、拖地或不拖地的單色連身衣裙，因為要彰顯個人氣質，款式搭配需要典雅華貴（圖11-8）。

圖11-8　西方仕女們的大禮服
圖片來源：https://kknews.cc/fashion/。

(二)小禮服

小禮服是在晚間或日間的雞尾酒會正式聚會、儀式、典禮上穿著的禮儀用服裝。女士之半短／短裝（semi/short）宴會禮服，適合年輕女性穿著，裙長在膝蓋上下5cm為宜或長至腳背但不拖地的露肩式，相同質料單色連身衣裙（圖11-9）。

圖11-9　女士正式的半短／短裝
圖片來源：蝦皮購物。

㈢常禮服

是質料、顏色相同的上衣與裙子，以長袖爲多，肌膚暴露較少，可以戴帽子和手套，也可攜帶小巧的手提包。

五、女士社交工作與非正式的服飾（Casual Dresses）

㈠女士的套裝（women's suits）

由外套和裙子組成的套裝成爲西方女性日間的一般服飾，適合上班和日常穿著。女性套裝比男性套裝的質料更輕柔，裁剪也比較貼身，以突顯女性身型，通常會展現出曲線感。

穿裙子時應搭配絲襪，如此能增強腿部美感，小腿較粗的人適合穿深色的襪子，小腿較細的人適合穿淺色的襪子。一般說來，不要選擇顏色鮮艷、帶有網格或有明顯花紋的絲襪。穿著長筒絲襪時，襪口不可以露出裙子之外，黑色皮鞋是適用最廣的（圖11-10）。

圖11-10　女士的套裝穿著
圖片來源：beauty-upgrade。

(二)女士外出之休閒服飾（womenswear and casual dresses）

　　「雲想衣裳花想容」，相對於偏重於單調穩重的男士衣著，女士們的衣著服飾則顯得亮麗且豐富。穿著得體，不僅可以顯得更加出眾和美麗，還可以展現出個人良好的修養和獨特的品味。

　　在朋友聚會、郊遊外出等場合，衣著應輕便舒適。在自己家裡接待來訪客人，可以穿著舒適但整潔的休閒服飾（圖11-11）。

圖11-11　女士們外出休閒的輕裝
圖片來源：https://www.tag-walk.com/。

第二節　流行服飾概述

一、流行服飾的時尚要素（fashionable elements）

(一)潮牌流行休閒服裝之時尚與社交／群元素特徵（characteristics）：

1. 潮牌（trendy）流行（popular）休閒服裝之時尚（fashionable elements）特徵在美感（觀）的元素強調序列爲：

    (1)顏色／色彩（color）。

    (2)形狀／線條（form/line）。

    (3)質地（texture）。

2. 潮牌流行休閒服裝之社交／群元素（social elements）特徵的強調序列爲：

    (1)意象（image）：藝人、名人或名牌之穿著服飾，強調社群團體的認同。

    (2)意識（expressiveness）：圖案、符號或文字象徵，強調個人自我識別的認同。

(二)「潮牌」意味著甚麼？（Trendy Brand means what?）

1. 主流文化重視美感元素全套，並無優先的大小順序，說明如下：

    (1)顏色／色彩（color）：色系暖（紅或藍色）及冷色系（黑或白單色）。

    (2)形狀／線條（form/line）：形／型（forms/types）及線條（lines），由長寬比及直或曲線所構成。

    (3)質地（texture）：通常指的是某種材料的結構的性質，如布料、化妝用品等的質地（感）及花飾（配件或首飾），在製衣材料方面，絲、綢、棉、毛通常質感較佳。

2. 流行文化重視美感元素優先（priority）大小序列，說明如下：

    (1)色及調（抓住目光）。

    (2)質地（感）及花飾（配飾或首飾）（抓住心意）。

    (3)外形及線條。

二、自然與人工美的特徵元素

(一)自然美（風景與觀賞者的交集）

　　欣賞風景與欣賞畫作一樣，人是移動的，視覺景觀資源是靜止的，所以依據觀賞者與目標物的距離決定美感體驗。景觀可分為遠、中、近3種景色，視覺刺激因為受限於受體（眼睛）的生理功能，故能感受的主體（風景或圖畫）特徵元素的內容也不一樣，評估的權值因而不同，一般說來，遠景首重「形狀與線條」的構成，中景強調顏色的變化，至於近景則偏重於質地的呈現。

(二)人工美（流行服飾與消費者的交集）

　　流行服飾（fashionable garments）是可移動物件，消費者皆在一定範圍內視之，上架陳列的計畫商品（抓荷包）與心動商品（抓目光）需加強發揮的特徵元素不一樣，當然主流與次主流的潮服類需加強發揮的特徵元素也不一樣。

(三)美感（觀）的特徵元素

　　自然風景與人造衣衫，美感的特徵元素是一樣的嗎？風景屬自然資源，服飾屬人文資源，如果把兩者皆當作視覺景觀資源，那麼就可稱作自然或人文視覺景觀，在景觀美質的評估標準是一樣的。

　　形狀、色彩、質感這三個美感特徵元素是否具備人類可感受到的美感愉悅體驗，決定風景或衣服的美麗與否。

　　花容月貌、如花似玉、人比花嬌皆是借用美麗的自然景觀與佳麗美女做類比的用語，可見美是不易描述的。還好人類生理上感官的刺激舉世皆然，抓住視覺刺激的樂趣感，型塑美感就成功了一半，另一半則在建造心理上價值（意識覺）的美感。

三、時裝展（fashion show）名牌時尚的背後故事

(一)英國名牌服飾BURBERRY

1. 由於多霧氣候，造就了英國人對於風衣的講究。

2. 西元1979年Thomas Burberry研發了一種防水紗，名為「Gabardine」，
   而後將格紋運用於其內襯，BURBERRY風衣變成了品牌的經典之一。
3. 如此永不退潮的經典，其製作過程容易嗎？當然不容易，除了打版時
   注入的藝術內容外，裁剪縫製的細節，如接縫處圖案的連結或商標的
   裁切，更是師傅多年經驗的累積。

(二)2014義大利米蘭春夏時裝展

1. 於每年2～3月、9～10月舉行的春夏與秋冬系列「四大國際時裝
   周」[7]，設計師們皆擁有六個月的時間準備及發表下一季的流行趨勢，
   包括服裝、配飾、妝髮，而通常在時裝週過後的六個月便能在品牌服
   飾店裡購買到當季最新的商品。
2. 世界級的時裝展，藉由伸展臺上的模特兒時尚穿著走秀展示，表現出
   迎新季節潮流的趨勢，為時裝名牌開啟最時髦的輪廓（圖11-12）。

圖11-12　時裝秀的人性化行動衣架-模特兒
圖片來源：https://www.bbc.com/zhongwen/。

7　四大國際時裝周分別在紐約、倫敦、米蘭與巴黎等城市舉行。

（三）瑞士巴賽爾國際鐘表珠寶展（Basel world）

1. 2012年適逢CK watch & jewelry[8]成立十五週年的大日子，繼去年邀請國際第一超模Lara Stone現身瑞士巴賽爾（Basel）鐘表珠寶展後，今年更首度邀請華人女星代表──林依晨，共赴瑞士參與巴賽爾鐘表展盛會。

2. 勞拉・斯通（Lara Stone），荷蘭籍超級名模，是美國高級時裝品牌：卡爾文・克雷恩（Calvin Klein）的代言人。她也是內衣維多利亞的秘密（Victoria's Secret）[9]專屬模特兒（圖11-13）。

圖11-13　瑞士巴賽爾表展女星林依晨與荷蘭名模勞拉・斯通共襄盛會
圖片來源：左／蘋果日報、右／Bazaar。

第三節　衣著價值延伸與職場面試的準備

穿著文化的延伸價值為職場面試適當的穿著打扮職場面試的穿著服飾是依循工作禮節而來，故服飾的形色質同等重要。套裝的首選是黑與白色經典色系搭配。男士最好外黑內白，年輕女士以淡色系列為宜，成熟女士則以深色系列為佳。

8　CK Watch & Jewelry為世界最大的鐘錶集團SWATCH Group與美國首席設計師之一的Calvin Klein共同合資設立，總部位於鐘錶王國瑞士。

9　美國最大的連鎖女性成衣零售店，主要經營內衣和泳裝等，而且此品牌的年度秀場《維多利亞的秘密時尚秀》也是全世界最熱門的時尚秀場之一。

一、面試前的準備工作

在求職面試前，有兩項前置作業需要準備完成，此即：撰寫一份完整的個人履歷表（curriculum vitae）與親手寫一張前項履歷表專用的封面信（a covering letter）。

(一)撰寫一份完整的履歷表（curriculum vitae，C. V.）

1. 履歷表格式與細項

履歷表格式共包括「應徵職位」（Post Applied For）欄與其下6個主要部分（Parts）及其細項內容，條列之如下：

(1) Part 1：個人背景（Personal Background）。

(2) Part 2：教育及訓練（Education & Training）。

(3) Part 3：就業歷程（Employment）。

(4) Part 4：重要成就（Achievements）。

(5)Part 5：語言能力（Languages）。

(6)Part 6：興趣及嗜好（Interests & Hobbies）。

2. 履歷表內容

「應徵職位」（Post Applied For）欄與下方開始條陳求職者個人背景等6個主要部分（Parts）之細項內容，說明如下：

(1)應徵職位：如果是事求人的資訊來源，履歷表（CV）下方應有一列說明求職者欲應徵之工作職位，至於訊息來源，需在封面信（a covering letter）內提及。如果是人求事，履歷表（CV）下方也應有一列說明求職者意欲應徵的數個工作職位。

(2)Part 1：個人背景（Personal Background），細項內容包括姓名、出生日期、住址、（圖11-14）。

(3)Part 2：教育及訓練（Education & Training），細項內容包括三欄，就學歷程（Date）、中等學與大專院校（School, College, University etc）、科目、主修與成績（Course, Subjects, and Grades）（圖11-15）。

Full name: [underline the first name you use]	Date of birth:
	Place of birth:
Home Address:	Home phone number:
Nationality:	Work phone number:
Driving Licence: [if relevant]	Children: [give the ages]
Marital status:	Ethnic origin: [say European, Asian, African]

圖11-14　個人背景欄細項內容

圖片來源：Bremner, 1989, modern Etiquette.

Date	School, College, University etc	Course, Subjects and Grades	
1964–69	Littlewillings, Bradford	State primary school	
1969–77	Queen's College, Harley Street, London W1	Secondary school 'O' levels	
		French	A
		Mathematics	C
		Biology	B

圖11-15　教育及訓練欄內容

圖片來源：Bremner, 1989, modern Etiquette.

(4)Part 3：就業歷程（Employment）的細項有三欄，工作歷程（Date）、公司與雇主姓名（Employer）、工作業務說明（Job Description），將個人工作經歷依時間流程條列之（圖11-16）。

(5)Part 4：重要成就（Achievements）的內容包括曾贏得的獎牌，即使是做果醬的比賽獎項，個人成就在行善助人方面最好也不要忽略，總之，勿過度謙虛（圖11-17）。

(6)Part 5：語言能力（Languages）的內容包括最佳成績的第二外國語，再依序為說、聽能力的語言（圖11-18）。

Date	Employer	Job Description
1500–08	Abbot Giorgiò, Assisi	Assistant Herbalist: making herbal remedies for the monastery
1508–19	Lucretia Borgia, Siena, Italy	Chief Potion Maker: this involved the creation of unique potions for His Lady's use, using secret recipes he devised himself, which caused her enemies to vanish. Some 25 varlets worked under him.

圖11-16　就業歷程欄內容

圖片來源：Bremner, 1989, modern Etiquette.

If, like most people, you haven't a galaxy of successes remember no achievement is irrelevant. Even being a prize-winning jam maker shows you can do things well. And don't dismiss private achievements. It's fine to put 'My greatest achievement has been teaching my handicapped brother to walk.' Don't leave out this section without asking a friend's advice: you may be being too modest.

圖11-17　重要成就欄內容

圖片來源：Bremner, 1989, modern Etiquette.

Languages

'A' Level French – Grade A
Conversational Italian and Spanish
Rudimentary Turkish, Hindi and Malay

(Think how much this would tell an employer.)

圖11-18　語言能力欄內容

圖片來源：Bremner, 1989, modern Etiquette.

⑺Part 6：興趣及嗜好（Interests & Hobbies）的內容包括空閒時間的
　活動、參與休閒活動的技術等級、在群體活動中扮演的角色。將某
　些有助於職涯工作的嗜好及技術寫在前面，無益工作的與不適合社
　群的，避免提及（圖11-19）。

PART 6: INTERESTS AND HOBBIES

Some claim that these aren't important for those with established careers. But the recruitment managers of many top companies say a well-rounded person often performs better – so they like you to put down any genuine free-time activity, even playing with the children.

Show the level of skill you have or the role you play in any group activity. But put to the fore those hobbies which suggest you have skills that would be useful in the job, and omit those that might make you seem unsuitable. The solitary pursuits suited to a lighthouse keeper would hardly recommend you for public relations.

圖11-19　興趣及嗜好欄內容

圖片來源：Bremner, 1989, modern Etiquette.

(二)親手寫一張履歷表的封面信（a covering letter）

1. 親自手寫一封面信（a covering letter），附隨於求職應徵表（Application Form）或履歷表（C. V.）上，證明你可以正確的撰寫一封書信。

2. 如果附隨於應徵表，必須清晰的說明表中不詳盡之處。語句要表現出熱誠、合作、有效率，最後，道謝句與期待賜覆句均是必須的。

3. 如果隨附於履歷表，不可超過兩頁，但必須說明何處及何時看到應徵廣告的（圖11-20）。

Dear...

I am writing to apply for the job of boomerang design supervisor, which was advertised in 'The Welsh Dragon' of Saturday 25th September.

It was with great interest that I read of the Welsh Development Agency's plan to open a factory making boomerangs for use in riot control. I'm a British citizen, but grew up in boomerang country and, as assistant boomerang designer to the Australian Tourist Board, I was responsible for developing the persuasive non-lethal boomerang which is admirably suited for use in riots.

My curriculum vitae is enclosed and I will gladly supply references from my two previous employers if you need them.

I am extremely attracted by this opportunity to develop the potential of boomerangs and very much look forward to meeting you and learning more about what sounds a most interesting job.

Yours faithfully

圖11-20　封面信函範例

圖片來源：Bremner, 1989, modern Etiquette.

二、職場面試注意事項

㈠一般學校「前程規劃」課程教導的職場面試技巧

1. 抓住面試者的目光，外觀以正式（名牌）衣服顏色取勝。
2. 投主考官的心裡所好，對應敘述的內容涉及公司品牌。
3. 打動面試小組考官們的心，使用好質感的化妝品，淡妝總相宜。

㈡銘傳大學「國際禮儀」課程教導的面試技巧

1. 表現出你擁有某些才幹，為徵才者有興趣的重點事實。
2. 找出最好的訴求方式。
3. 試著去嶄露頭角，如果會彈琵琶就別說自己的興趣為古典音樂。
4. 改變介紹的方式，用最好的句子或以條列方式說明。
5. 讓其他人先閱讀你的草稿後給建議或修正（如此你便可以找出你自己找不出的缺點）。
6. 面試房間的大門若關著時，如果沒有聽到指示，進入前先敲門再等待，如果沒有回應，就自行進入並說明是誰告訴你來這房間的。
7. 進入時，外觀看起來平靜而充滿自信。
8. 面試者如果作勢要握手，則與其握手時要注目並微笑，不要主動表示要握手。
9. 等候指示再坐下，如果沒有指示，就詢問坐在哪裡比較好。
10. 坐姿端正但非僵硬，雙臂打開、輕鬆下垂，等候主試者開始問問題。
11. 不要抽菸，除非受到邀請。
12. 當有人在說話時，注意聽並看著他，不要打岔。
13. 稱呼他的職銜或先生、小姐，並冠以其姓氏，除非主試者要求你如何稱呼他。
14. 不要只回答一個字，如「是」、「對」或「不」，例如：你會文字輸入嗎？要回答「是的，我曾修過這門課幾年，每分鐘可輸入幾個字」。
15. 不要把自己描述得太完美，別人會認為你在說謊。

16. 你在說話時，如果主試者欲言又止或面露不耐煩時，立刻簡化回答的內容。

17. 如果你不了解某一問題，可請主試者說明一下。

18. 在回答前，不必害怕短暫空白時間，完好的回答勝過快答。

19. 如果你已知道回答得不好，馬上說：抱歉，我的意思並非如此，我真正的意思是＊＊＊。不要認為這樣做很愚蠢，一些表現卓越的人常是如此。

問題及思考

1. 男士須穿著大禮服出席重大慶典宴會時，使用的邀請卡（束）上所註明的用詞為何？

2. 潮T經濟學強調的平價流行服飾，形色質三者的優先序列為何？

3. 名牌服飾之品牌價值建立在美的三元素套件上，為何缺一項不可？

4. 求職的英文履歷表（C. V.）之格式架構中有那些部分？

第十二章 情色（eroticism）流行文化

Chapter 12　Popular Culture on the Eroticism

學習重點
➤ 知道情色或色情文化之含意及爭議之處。
➤ 認識東西方社會之情色觀念的差異。
➤ 熟習人類社會在情慾與色慾層級的個人需要與群體需求。
➤ 瞭解情色文化在休閒商業領域之經濟規模。

第一節　情色文化與色情流行文化

一、飽暖思淫慾，饑寒起盜心

　　描述古代市井平民的生活和社會現實的明代流行艷情小說《金瓶梅》，第二十五回有云：「自古道：飽暖生閒事，飢寒發盜心。」同時代的沈采在其《千金記》第二三齣也有：「飽暖思淫慾，饑寒起盜心。」的敘述，從而知情色也是個民生問題。

　　食衣乃日常民生必需，滿足或不足的延伸結果都是社會上重要問題，生理上於人皆然，心理上則因人而異，是故，所有情色爭議皆來自於人類的心理反應。

二、情色或色情文化之含意與爭議

　　不管是情色或色情文化，兩者皆是飲食男女（普羅大眾）生活中的重要部分，也爲一般社會認可，因爲社會層級的標準有異，從兩性之調情（flirtation）到性騷擾（sexual harassment）間之尺幅（span）或間距也有不同社會習俗的認定，大學校園裡組成的《性別平等教育委員會》就是爲此因應而生的。

在臺灣，我們以異色眼光看待前往日本參訪AV（adult video）女優相關行程的旅遊團客；但在日本當地，拍攝影片的女優們還擁有粉絲團為數眾多的支持者。

過去，情色內容到底是藝術的一部分亦或常被認為是色情，一直都有社會爭議，但在二十一世紀的現代，不管是情色或是色情，其實都是人類社會主或流行文化的一部分。

(一)色情場域與情色文化

1. 人類社會是個互助合作的社會，在生存法則與永續發展原則下，主流與流行文化兩者需要兼容並蓄，也就是說在現代社會，愛情與麵包都要，人類才能生生不息，文化才能源遠流長。

2. 法國巴黎的紅磨坊（Moulin Rouge）[1]，位在波希米亞風格的花街區蒙馬特（Montmartre）的入口區，區內黑貓（Le Chat Noir）是19世紀巴黎著名的卡巴萊夜總會，藝術家、歌唱家與演員經常出現。

3. 美國紐約的花街（42nd street）的入口紅地毯區，就是有名的劇院所在地百老匯大街（broad way），斜斜的貫穿於曼哈頓島都市計畫方格棋盤配置平面上，在都市發展史上留下文化與文明的痕跡（圖12-1）。

4. 臺北市萬華區華西街觀光夜市與早期艋舺的著名紅燈區寶斗里、江山樓等綠燈戶[2]甚至是以一級文化史蹟—中山堂為臺北城空間的地標（landmark）。

(二)情色或色情文化之差異

1. 在不同的地區與社會，因為文化差異，有著不同的檢驗判斷之標準，端視所處之地其社會之人文素養與藝術水準（平）的高低（文明與否）而定。

---

[1] 位於法國巴黎十八區皮加勒紅燈區，靠近蒙馬特，是建於1889年的一個酒吧，在克里希大道上，因屋頂上仿造的紅風車而聞名於世，與麗都（Lido）、瘋馬秀（Crazy Horse）並列巴黎三大夜總會。

[2] 舊俗賣淫的妓女戶門前懸有綠燈，故用為妓女戶的代稱。依據六〇年代法規，妓女戶必須在門前懸掛「綠色燈」以為標誌，因此，有「綠燈戶」的稱呼。

圖12-1　紐約市曼哈頓島的百老匯劇院大道
圖片來源：作者依據觀光地圖製作。

2. 文明社會情色與色情無分貴賤，故為一體。如果風氣開放的社會，可以服務業之商品組合（商品+專業服務）來檢視人文藝術的成色，服務（service components）專業成分多的或可升級為情色，而少的則被貶為色情。

3. 如果風氣保守的社會，則可以商業行銷的4P's行銷組合來做分級評價，精品（quality products）、高價（high price）、有特定通路（specialty place）及品牌促銷（brand promotion）者，可以視之為情色，若僅限流通於社會中低下階層，則被視為色情，須要藉法律「導正」，以免氾濫成災。

4. 以上兩類評級的標準，隨著全球化與年代更迭，也會有所改變，但流行則是永遠不變的，因為情與色慾元素都是人類社會群體休閒不變的重要環節。

三、情色流行文化中的情慾或色慾

㈠婦女運動包括解放情慾

1. 美國女性主義者卡洛爾・凡斯（Carol S. Vance）[3]有云：運動，包括

3　卡洛爾・凡斯（Carole S. Vance）2015年曾來臺參加中央大學的性／別廿年國際學術研討會。

婦女解放運動，不能只是在恐懼的基礎上運作，而要向著一個願景前進。因此，單單使女人脫出危險和壓迫是不夠的，我們還需要想：要前進到哪裡去？我們要向著愉悅、能動力、自我定義前進。

2. 凡斯強調：女性主義不能只是減少我們的痛苦而已，必須要能增加我們的愉悅和歡樂。

3. 看來，男性被譏諷只用下半身思考（爲了愉悅和歡樂），所以需要色情與色慾；而情色，包括愛情與性愛，爲了社會與家庭和諧，事實上男女兩性皆需要。

(二)西方世界愛情海的維納斯與東方世界華清池的楊玉環

1. 維納斯與楊玉環分屬虛擬與現實的視覺資源中內含唯美的抽象元素，可以美到打動人心，甚至能欺騙人類大腦的理性中樞，認爲是天上人間極品，所以被歸類爲文化藝術（圖12-2）。

圖12-2　愛情海的維納斯與華清池的楊玉環
圖片來源：左上／下／http://www.ifuun.com/。
　　　　　右上／維基百科、右下／https://www.ss.net.tw/paint-147_11-454.html。

2. 花街柳巷的鶯鶯燕燕或染黃的網頁圖片，強調的是引發色慾的視覺刺激，因爲是原始性感官刺激的生理衝動，被歸類到色情區塊，但也是

屬於人性的部分，是正常難能避免的反應，社會制度不宜因為其心理反應元素少，總是壓制成禁忌（taboo），但適度規範仍是必要的。

第二節　歐美國家的情色文化

一、歐洲國家的情色文化

㈠荷蘭的情色流行文化

1. 荷蘭的首府阿姆斯特丹有世界著名的紅燈區德瓦倫（荷蘭語：De Wallen），是合法提供性交易的地方，也是主要的觀光景點區。

2. 阿姆斯特丹史基浦機場內除了有荷蘭國家博物館展區、圖書館、賭場外，還有綠燈戶專區店家，真是人文薈萃，無處不生意，但卻很公平與誠信，「Go Dutch」[4]一詞其來有自（圖12-3）。

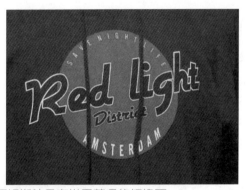

圖12-3　荷蘭的首府阿姆斯特丹有世界著名的紅燈區
圖片來源：https://toursinamsterdam.com/red-light-district-amsterdam/。

二、美國的情色文化

1. 談起「情色文化」，也許很多上了年紀的國人現在仍然還有點羞澀。但在美國，自從《花花公子》（playboy）雜誌打著性革命的旗號堂而皇之地進入美國社會後，閣樓（Penthouse）與好色客（Hustler）等同

4　活動參與者在事前約定「平均分擔所需費用」，通常用於飲食聚會或旅遊等活動場合。

性質雜誌陸續上架，情色文化便開始以驚人的速度在每座城市的大街小巷蔓延開來（圖12-4）。

圖12-4　美國曾經風行一時的色情書刊雜誌
圖片來源：作者整理製作。

2. 美國的情色文化既是民眾「精神上的麥當勞」（食色，性也），也稱得上是「社會文化的偉哥（威而鋼，Viagra）」（現代藝術的發揚）。

3. 美國近代史中有性感女神「瑪麗蓮夢露」擅場於好萊塢影劇界，也有眾多在紅燈區的求一口飯吃的「性工作者」，成了情色與色情的強烈對比（圖12-5）。

圖12-5　美國性感女神「瑪麗蓮夢露」
圖片來源：http://www.ifuun.com/。

第三節　中國古代傳統的情色文化與色情流行文化

一、中國古代傳統的情色文化

(一)孟子梁惠王篇中「寡人有疾」的色情與情色

春秋時，《孟子・梁惠王》篇中有記載：齊宣王曰：「寡人有疾，寡人好色。」對於此語，孟軻給予了正面回應[5]。

封建社會的君王有貌美妻妾成群，因沉溺在美色享樂中，人體生理平衡機制產生了罪惡感，好色疏於問政或無能愛民勤政時，則推拖成身染生理疾病。眞正的是，小事一樁，因爲上行下效，百姓也好色的話，則社會更臻和諧。

(二)章回小說中的情色故事

小說情節中穿插情色的故事能增加娛樂效果，所以不管是陽剛與陰柔本質，都免不了要添加此味，以饗讀者，如《三國演義》中的《貂蟬與呂布》，《水滸傳》中的《潘金蓮[6]與西門慶》，《紅樓夢》中的《花襲人[7]與賈寶玉》，甚至《聊齋誌異》中的《聶小倩與甯采臣》，即使是充滿了神奇有趣故事的《西遊記》也需要有《蜘蛛精與唐三藏》的情色價值，這些應該屬於是歷史經典的主流文化。

(三)詩人眼中的情色或色情場域

1. 詩人杜牧（803年～852年），字牧之，號樊川居士，陝西省西安市人。晚唐著名詩人，擅長長篇五言古詩和七律，曾任職中書舍人[8]（中書省別名紫微省），人稱杜紫微，他曾在人生不同時期與際遇中各爲七言絕句一首──〈清明〉與〈泊秦淮〉，詩中皆提到「酒家」情色

第十二章　情色（eroticism）流行文化

233

5　孟子對曰：「昔者大王好色，愛厥妃。當是時也，內無怨女，外無曠夫。王如好色，與百姓同之，於王何有？」

6　是《水滸傳》和《金瓶梅》人物，武大郎之妻。在《水滸傳》和《金瓶梅》中被描寫爲不守婦道、美豔放蕩和心狠手辣的淫婦。

7　紅樓夢中的貼身丫環，賈寶玉對花襲人是從心裡到生理都有了一定的依賴性，畢竟花襲人是在賈寶玉清醒過程中，一起完成的人生樂事，所有的快樂和體驗都是眞實的。

8　古代職官名，爲輔佐皇帝的高級秘書官，掌詔令、侍從、敕旨、審閱上奏表章等事。

場域，但卻各有其意（圖12-6、12-7）。

圖12-6　杜牧的七言絕句〈清明〉
圖片來源：新唐人電視臺。

圖12-7　秦淮河畔的白日與夜晚
圖片來源：作者整理KK news與雪花新聞製作。

⑴「杏花村」酒家中開懷的風流詩人杜牧

　　杜牧年輕得志時曾有七言絕句名詩一首，摘錄於次：

　　　　　〈清明〉杜牧

　　清明時節雨紛紛，路上行人欲斷魂。

　　借問酒家何處有，牧童遙指杏花村。

⑵「秦淮河」酒家外鬱鬱的愛國詩人杜牧

　　杜牧年長不得志時亦有七言絕句詩一首，摘錄於次：

煙籠寒水月籠沙，夜泊秦淮近酒家。

商女不知亡國恨，隔江猶唱後庭花。

2. 詩人杜牧的「離騷」情

(1)在風流詩人心中，前往酒家「杏花村」喝點山西汾酒是情色妝點人生的旅途。

(2)商賈與權貴沉迷於「十里秦淮」的酒家，在「鬱鬱詩人」或被後人稱爲「愛國詩人」眼中，是色情禍水，亡國之因（音）。

(3)國之主政者大吃大喝卻無能治國[9]，導致亡國，歸咎到弱勢悲戚民女的謀生之道爲色情誤國，所以歌唱亡國，故杜牧應該是無治國專業知識，卻能製造「芒果乾」的晚唐詩人，也可戲謔說：「他是臺灣現代網軍，專職散播《亡國感》資訊的開山老祖。」

二、萬里紅塵與十里秦淮

(一)萬里紅塵

萬里紅塵與茫茫人海常是一般凡人的人生際遇，描述一般市井百姓的忙碌生活。古代封建社會，人類爲了求生存，或僕僕於風塵，或汲汲早市，但仍然溫飽難求，故多有慨歎人生淒涼之感。

(二)十里秦淮

1. 十里秦淮是南京市繁華之所在，秦淮一水相隔河兩岸，一邊是南方地區會試的總考場——江南貢院（即今日中國科舉博物館），另一畔則是南部教坊[10]名伎聚集之地，著名的有舊院與珠市[11]。

2. 秦淮八艷又稱金陵八艷，是明末清初在南京秦淮河畔八位色藝才氣俱佳名妓的合稱。

---

9 有如前方吃緊，後方緊吃之意。
10 教坊是由唐到清，管理宮廷中演出音樂、舞蹈及戲劇的組織。民間女樂演出的場所，有時亦被稱作教坊。
11 買賣珍珠的集市，舊時金陵城中煙花之地。

3. 八艷爲馬湘蘭[12]、卞玉京[13]、李香君、柳如是、董小宛、顧橫波、寇白門、陳圓圓等八位色藝才氣俱佳名妓。

(三)市井紅塵與秦淮教坊

市井紅塵與秦淮教坊皆是描述人類社會的生活與生命過程之景象，日與夜間的生活，有如宇宙萬象，仍有不易（變），情色流行文化源遠流長，道理至爲簡易。

第四節　情色文化在休閒領域之經濟規模

一、臺灣獨特的情色文化

臺灣獨有的路邊檳榔攤、老人茶室（摸摸茶）、甚或靠「翻床率」[14]賺錢的精品汽車旅館等流行文化都是「藍領經濟學」[15]的主要元素。

(二)提供情色的場域

1. 中山北路九條通酒吧林立，市場恩客爲美軍顧問團（中山足球場現址）的軍官與大兵。
2. 北投溫泉與溫柔鄉（現已分散至宜蘭礁溪）。
3. 鬧區觀光理髮廳、理容院、三溫暖與咖啡廳。
4. 金門離島軍中樂園與官兵度假中心。
5. 淡水菜市場邊緣之新天地與夜百花。
6. 卡拉OK店下午茶時間，與老人摸摸茶店。
7. 精品汽車旅館與廉價旅社。
8. 公路邊檳榔攤，穿著火辣或特定裝扮的妙齡女子甚或是風韻猶存的半老徐娘擔任銷售檳榔與飲料的工作，接待別有需求的客群（圖12-8）。

---

[12] 生於南京，明代的歌妓、詩人、畫家。
[13] 出身於秦淮的官宦之家，因父早亡，淪落為歌伎。卞玉京精詩琴，畫藝嫺熟，尤善畫蘭。
[14] 臺灣汽車旅館不採用住房率估算盈虧，用「一宿抵三休」的計算法分析營收。
[15] 消費市場為中低階層職人。

圖12-8　檳榔攤穿著特定裝扮的妙齡女子
圖片來源：蘋果日報。

㈡情色的時代潮流

1. 歌廳或戲院紅包場與「那卡西走唱」[16]的表演秀。

2. 電子琴花車與鋼管女郎的歌舞秀。

3. 歌仔戲中《白蛇傳》中水漫金山寺的3D濕身秀（圖12-9）。

圖12-9　臺灣情色的時代潮流
圖片來源：作者剪貼製作。

---

[16] 日文原意為「像水流動的行業」，走唱於各旅館、酒店維生的歌手、樂手及音樂演出的形式。

二、偶像劇中的情色元素

㈠我可能不會愛你

⑴《我可能不會愛你》偶像劇，跳脫凡人性愛升級成天使般情愛，情愛是人類的心理需要，是昇華的愛慾，爲的是打動偶像劇收視觀眾的人心（touching your heart），滿足他們寄託於夢想的心理需求，從而創造高收視率並賺取巨額廣告費。

⑵這類戲劇，男女主角除了外觀，還需要常有不食人間煙火忠於友情與愛情的思維（圖12-10）。

圖12-10　《我可能不會愛你》偶像劇照
圖片來源：https://star.ettoday.net/news。

㈡《華燈初上》到《深夜食堂》高收視連續劇

1. 飲食男女的生理需求—打破曖昧。
2. 演藝人員的生活需要—包裝道德。
3. 社會大眾的休閒流行—各取所需（圖12-11）。

圖12-11　《華燈初上》與《深夜食堂》連續劇照

圖片來源：上圖-https://tw.news.yahoo.com/；下圖-天天要聞。

三、封建與現代社會的情慾遞嬗

(一)東方社會

1. 上流社會談經典藝文（主流）、虛擬情色（流行），所以常說：是風雅及風流；普羅大眾則談創作文藝（主流）、實體色情（流行），所以常說：附庸風雅及尋花問柳。

2. 過去，生理上謂之實體，心理上謂之虛擬；現在，電子與醫藥科技進步，實體與虛擬都可被人為操控，人類生命的傳承除了靠情色與色情之外，恐怕還要包括良知與道德了。

3. 流行文化，是次主流文化，所以滿足生理需求的就是色情文化，但如果過多，到處都是，就氾濫成災；滿足心理需求的，有愛及歸屬感，具身分地位或榮耀象徵[17]，就是情色文化，雖過多，但因為是主流，就成為文創商品。

---

[17] 清代著名文學家袁枚詠「紅杏尚書」宋子京（祈）曾有一句話「人不風流空富貴」。

4. 食色性也（追求美食與女色皆乃人類本性），人類的生理需要，級別為色在食之上，故飽暖後思淫慾。但一味好色則不行，因為心理上會認為縱慾有疾（寡人好色），故人類要昇華人性情色，也就是將人類生心理需要切割分明，恐怕還有許多包袱需要丟棄。

5. 人類進步文化史之隱喻：十四世紀文藝復興，十七世紀人類開化，二十一世紀進入科技文化時期，所以符合心理需求的文化不但質變而且量變，所以多樣的流行文化藉著網際網路／互聯網（internet）社群而成潮。惟滿足生理需求的流行，仍隨著地域而保留各自的文化特色，如某些國家甚至將裸體藝術印在郵票中（圖12-12）。

圖12-12　保加利亞的裸體藝術郵票
圖片來源：ebay拍賣網站。

(二)西方社會

1. 西化的東方社會：前英國殖民地，現在的香港特別行政區拍攝的電影《喜愛夜蒲》描寫著名的「蘭桂坊」夜店緣衍生出的情色，市場賣座奇佳，目前已經拍了三集（圖12-13）。

2. 西方社會：《慾望城市》（Sex and the City）電視劇以美國內華達州拉斯維加斯為主要場景城市，目前拍攝到第二集，兩集之間隔了23年（圖12-14）。

圖12-13　香港《喜愛夜蒲》電影1、2、3集劇照
圖片來源：維基百科。

圖12-14　美國《慾望城市》電視影集劇照
圖片來源：維基百科。

(三)情色文化與媒體

1. 基本原理：媒體內容有越多的感官刺激（sensory stimulus），則會有越高的發行量。

2. 理性與感性（Sense and sensibility）是一種情感變化的樂趣序列（pleasure spectrum）。

3. 個人對情色生心理需要的層級，形成社會群體的多樣需求（從色情到情色的等級）。

㈣遊戲休閒遊憩的層級聯想

1. 休閒因個人的動態需要而有遊戲、休閒、遊憩三種類型等級活動之分別。

2. 食與色皆人性需要，食進一步可分為早、午、晚三餐，滿足個人日常生活中的生與心理需要；色進一步可分美色、情色與色情，則是滿足各個人生命階段不同層級的生與心理需要。

3. 在我們的日常生活中，愛情與麵包每個人都有了，大家就無需爭辯其重要性了，辯論的題目自然就少了這一項。

四、情色文化經濟學：機場與城市及景點之旅（city tours & excursions）

㈠國際機場魚與熊掌經濟學

1. 德國法蘭克福機場（Frankfurt Airport）是全球第二座內設賭場（casinos）及情趣店（sex shops）的國際機場（圖12-15）。

圖12-15　德國法蘭克福機場海關內附設的賭場（casinos）
圖片來源：https://www.facebook.com/airportcasino/。

2. 荷蘭阿姆斯特丹的史基浦機場（Schiphol Airport）則為全球第一座內設賭場的國際機場，但史基浦機場亦有全世界第一個設在機場內的博

物館－阿姆斯特丹國立博物館（rijksmuseum）分館，另外，亦設有圖書館與兒童遊戲場。

㈡旅遊行程中城市及景點之旅（city tours & excursions）

1. 城市之旅（city tours）：行程中包含餐飲（F & B）、購物（shopping）、夜店享樂與逛紅燈區（red light distracts），屬於套裝旅遊（package tours）中夜間娛樂（entertainment）活動的內容，通常被安排在入夜7點以後到午夜（含宵夜餐點），提供人文的薈萃享樂。住宿業（hospitality）的營運利潤，必需仰賴休閒產業的娛樂活動以吸引旅客過夜的意願。

2. 景點之旅（excursions）：旅客的行程屬於日間自然景點的遊樂（recreation）活動內容，所以應該安排在早餐後到晚餐前的時段，為當日來回行程，因為在白天自然景點風光明媚、鳥語花香，適合遊客戶外踏青。國際觀光客在自然景點區參與戶外遊樂活動，容易感受到最美的天然風景，自然心生感動之情（場域依戀）（圖12-16）。

圖12-16　位於百慕達三角附近巴哈馬國的遊艇海岸日遊行程

圖片來源：https://bahamascruiseexcursions.com/excursions/。

問題及思考

1. 東西方社會在情色觀念上的差異為何？

2. 臺灣特有的情色場域包括了那些處所？

3. 從民生經濟的角度出發，情色與餐飲生意，何者與群體休閒更相關？

4. 臺灣各縣市大多設立有觀光夜市，頗獲好評，如果允許立法設立觀光夜店專區，是否能為基層民眾賺取更多外匯？

第十三章　上癮（addiction）流行文化

Chapter 13　Popular Culture on the Addiction

學習重點

> ➤ 知道個人染上毒癮的原因。
> ➤ 認識現今毒品類型與特性。
> ➤ 瞭解防範毒品傷害之方法。
> ➤ 熟悉休閒避癮之基本觀念。

第一節　毒癮與毒品（prohibited drugs）

一、人類社會與毒品之糾葛

(一)吸毒流行的根本原因

1. 不良份子或幫派常利用各種「好處」誘騙周遭的年輕人吸食毒品，如：可以幫助釋放壓力、會很快樂，非常的嗨（high）、能夠克服疲累，立刻恢復精神或很好玩，某名人也常用（品牌行銷），而且現代社會上很流行！

2. 好奇心強的青少年特別容易被誘惑，誤以爲「吸食幾口不會有事，不會這麼容易就上癮，即使有，剛開始很輕微，很快就能戒掉」，因爲對毒品的無知，最終跌落入毒癮蛛網深淵中，不能自拔。

3. 事實上，人類面對毒品，絲毫無抗拒之力，自以爲堅強無比的意志力，可以克服萬難，碰到毒品，馬上薄弱的如一個脹氣肥皀泡，一戳就破。

4. 毒癮輕易就會嘗試、想戒卻戒不掉！毒品上癮的可怕之處，在於難以

根本的戒斷，人類大腦中上癮的開關一旦被打開了，幾乎難再關閉，個人的意志力對於毒癮來說，完全沒效。

(二)沾染毒癮的社會名人與知名事件

1. 曾沾染毒品的藝人：蘇永康、安雅[1]、童星歌手方順吉、陳純甄[2]、應采兒、安迪、小龍女[3]、唐志中、孫興、莫少聰、屈中恆、房祖名、柯震東、張耀揚、林采緹[4]……等等。

2. 青年偶像為健康代言卻吸毒上癮：柯震東曾拍攝反吸毒宣傳，宣稱「解壓不需要毒品」[5]。

(三)曾沾染毒品的立委與名人

1. W酒店貴賓土豪哥開趴

   (1)土豪哥朱家龍的父親是桃園永平工商、仁才服裝公司董事長。朱家的服裝公司生產夾克、休閒服、大衣、襯衫、褲子等。學校制服，甚至軍警制服，都由朱家的服飾公司一手包辦。

   (2)「土豪哥」曾大排場迎娶東吳大學校花，因為此事爆發，最後卻以離婚收場。

2. 前立委黃○洲在君悅酒店開趴與主播吳○文吸毒

   臺中市黃姓區域立委在信義計畫區五星級飯店「君悅酒店」房間開趴，以毒品助興。曾任臺視、中天、東森新聞臺主播，後來轉型成美食家的吳○文因感情問題而碰毒，導致通告全無、生活艱苦，再度染毒，後因持安非他命、搖頭丸等毒品被逮。

(四)毒品難防

　　從有鴉片販賣開始，人類就知道毒品為害之烈，但製造者技術卻越來

---

[1] 安雅，本名吳安雅，臺灣女藝人。

[2] 花式撞球選手，外型亮麗，有「漂亮寶貝」的稱號。

[3] 鄭雅萍，藝名小龍女，臺灣藝人、歌手，屏東縣出身，出道時以腹部龍紋刺青聞名。

[4] 本名林小晴，臺灣女藝人，出生於澳門，曾就讀士林高商，華岡藝校畢業後就進入演藝圈。

[5] 柯震東與陳妍希、九把刀等人在2012年的拍攝反毒宣傳片，作為片中禁毒大使，他曾說出「我不吸毒」的口號。

越精，讓市井小民更易中招。

俗話說：「殺頭的生意有人做，賠錢的生意沒人做。」製造販售毒品就是殺頭的生意，昧著良心且有遭判重刑之虞，但因從中獲利極大，所以根本難以杜絕。

抽菸的癮君子，甘冒週遭鄰人之嫌惡眼光，仍照吸食不誤，但菸癮與毒癮比之，絕對是小巫見大巫，毒癮染者更是想盡辦法也要吸食！

以下有一篇國外媒體的報導說明為什麼世界各國大力掃蕩毒品，但任務卻完全失敗的原因，文章節錄自加拿大家園論壇（October 01, 2013）。

《毒品價格越來越便宜掃毒完全失敗》

由加拿大阜詩大學和美國加州大學等機構聯合進行的一項長期研究顯示，在過去20年間全球各國花費大量資源打擊非法毒品，雖然查獲的毒品量看似增加，但毒品卻越賣越便宜，效果越來越強，讓打毒的成效徹底破功。

調查長達20年的資料，分析比較包括古柯鹼類、鴉片類（如海洛英）和大麻類毒品的查扣量，結果發現雖然查扣數量有增加趨勢，但毒品的價格卻不斷往下掉，純度和強度不斷提升。

在1990年至2009年間，美國海洛英、古柯鹼及大麻的純度分別增加了60%、11%和160%，但這些非法藥物的價格卻下跌80%。

根據聯合國報告，全球非法毒品每年有350億美元產值，非法藥品濫用所引起的健康與社會問題不斷，毒品成癮、愛滋病傳播和暴力行為隨著毒品貿易的增加而擴大，顯示全球對抗毒品行動失敗。

由以上這篇報導可以看出「科技始終來自於人性」所言不虛，只要人類仍持續追求速食快樂，毒品科技的研發就會不斷地進步。

二、毒品概觀

流通於現今社會的毒品分為兩類，一類來自天然生或人工栽培的植物類，經加工製造而成；另一類來自人工化學合成，很多還是出自大製藥廠的醫療用藥，分別詳述如下：

㈠原植物類

1. 罌粟

 ⑴海洛因、鴉片和嗎啡（heroin、opium & morphine）皆是由罌粟的樹脂製成的，最先從罌粟花的豆莢中提煉出來的是乳汁狀的鴉片，鴉片在精煉後製出嗎啡，嗎啡再精煉後，製成各種形式的海洛因（圖13-1、13-2、13-3）。

圖13-1 罌粟的花與豆莢
圖片來源：百科知識。

 ⑵鴉片俗稱福壽膏或芙蓉膏。海洛因俗稱白粉，藥效是同劑量嗎啡的兩到三倍，成癮者的死亡率是正常人的20倍。海洛因最早由德國拜耳藥廠產製，以海洛因（Heroin）之名註冊，該字或源自德文英雄（heroisch）一字，因為海洛因會帶給服用者一種英雄感（圖13-4）。

圖13-2　罌粟果實割破處流出的汁液與生鴉片
圖片來源：左／維基百科、右／每日頭條（kknews）。

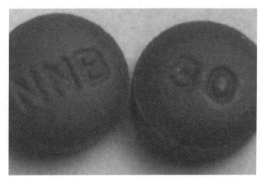

圖13-3　嗎啡
圖片來源：KB健康知識庫。

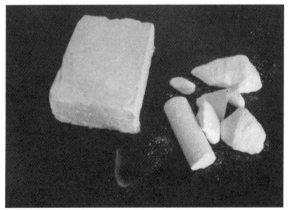

圖13-4　海洛因磚的碎塊
圖片來源：中國禁毒網。

2. 大麻

(1)大麻中四氫大麻酚（Tetrahydrocannabinol, THC）的功能非常複雜，既可以作為止疼痛藥使用，又可以和中樞神經中的大麻受體（Cannabinoid Receptor）相結合，增加多巴胺分泌，讓人產生強烈的愉悅感，同時還會增加服用者的食慾。

(2)大麻也含有治療效果的其他物質，大麻是療效佳副作用低的藥品，且是嗎啡等藥品無法取代的（圖13-5）。

圖13-5 大麻植株與吸食用類老鼠尾自製品
圖片來源：https://kknews.cc/health。

3. 古柯鹼

(1)古柯鹼（Cocaine）提煉自古柯[6]的葉子，原本用來當作止痛藥。

(2)1980年，美國發明了易升華的古柯鹼鹼克勒克，簡稱快克。將古柯鹼生物鹼中乙醚蒸發掉而形成結晶，極純，為古柯鹼的精製品，加熱時會發出特殊的響聲，故定名為Crack，意即爆裂聲，更容易成癮。

(3)最常用鼻子吸食粉末，藉由鼻膜組織進入血液中，也可以口服或插入黏膜組織，如牙床（圖13-6、13-7）。

---

6 古柯（Coca），學名：Erythroxylum coca，又名藥古柯，原生於南美洲的西北部秘魯一帶，葉中含有古柯鹼，可用於提取古柯鹼，作為麻醉藥，也可作為毒品。

圖13-6　古柯植物體與烘乾的葉子

圖片來源：https://kknews.cc/news/。

圖13-7　古柯鹼及古柯鹼克勒克

圖片來源：https://kknews.cc/news/。

(二)人工合成類

多是醫療用「麻醉藥品」或「影響精神藥物」，黑幫或不良份子將其加工變成毒品，說明如下：

1. 人工合成類麻醉藥品

原多用以醫療麻醉止痛，如美沙酮（Mathadone）、俗稱「速賜康或孫悟空」的潘他挫新（Pentazocine）、止咳用的可待因（Codeine），與

手術後止痛用的特拉嗎竇（Tramadol Ultram）等，因為會產生幻覺的副作用及具有上癮性，常被不良份子拿來販售。

2. 人工合成影響精神的藥品（圖13-8、13-9）

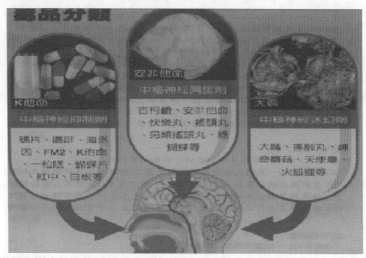

圖13-8　毒品影響人類中樞神經的類別
圖片來源：楊知義、莊哲仁（2020）《休憩學概論》，p.239。

(1)中樞神經「抑制劑」：如巴比妥酸鹽類（Barbiturates）的紅中、青發、白板、FM2、一粒眠（Nimetazepam）[7]、K（愷）他命（Ketamine）[8]等。

(2)中樞神經「興奮劑」：如安非他命、快樂丸（MDMA）、搖頭丸（ecstacy）、另類搖頭丸[9]。

(3)中樞神經「幻覺劑」：搖腳丸（Lysergic acid diethylamide）、神奇蘑菇（psilocybin mushroom）、如LSD（麥角酸二乙胺）[10]、天使塵（PCP——苯環利定）、火狐狸（5-MeO-DIPT）等。

---

[7] 「一粒眠」的外包裝像用塑封包裝的藥片，10片一板。正面為紅色，不法分子將其當做強姦藥、迷藥使用，對社會危害極大。

[8] 為非巴比妥鹽類之麻醉劑，會使專注力、學習及記憶力受損，對中樞神經有抑制作用。

[9] 有「綠蝴蝶」、「亞當（Adam）」、「忘我」等。

[10] 麥角酸二乙醯胺，常簡稱為LSD，是一種強烈的半人工迷幻劑和精神興奮劑，俗稱加州陽光、白色閃光。

圖13-9　紅中、青發膠囊與白板藥丸毒品
圖片來源：新竹縣政府毒品防制中心。

三、毒品分級

㈠毒品分為四級

　　製造、運輸、販賣各級毒品者，依毒品等級而有輕重不同之罰則，從第一級毒品者的處死刑或無期徒刑，到第四級毒品者的處一年以上七年以下有期徒刑，並科新臺幣300萬元以下罰金，隨毒品等級而刑責與罰金遞減（圖13-10）。

第一級	第二級	第三級	第四級
1. 海洛因 2. 嗎啡 3. 鴉片 4. 古柯鹼	1. 安非他命 2. MDMA 　（搖頭丸） 3. 大麻 4. LSD 　（搖頭丸、一粒沙） 5. PSilocybine 　（西洛西賓）	1. PM2 2. 小白板 3. 丁基源啡因 4. Ketamine 　（愷他命） 5. Nimetazepam 　（一粒眠、K5、紅豆）	1. Alprazoiam 　（蝴蝶片） 2. Diazepam 　（安定、煩寧） 3. Loeazepam 4. Tramadol 　（特拉嗎寶）

圖13-10　臺灣地區將各類毒品分為四級
圖片來源：衛生福利部臺中分院。

　　中樞神經抑制劑類毒品對人類生理上的傷害非常大，其在毒品分級上的內容說明如下：

1. 第一級毒品：海洛英、嗎啡與鴉片。
2. 第二級毒品：液態搖頭丸（GHB）液態搖頭丸（GHB）液態搖頭丸、

Liquid Ecstasy、Georgia Home Boy、G水。

3. 第三級毒品：巴比妥酸鹽類（Barbiturates）。

4. 第四級毒品：佐沛眠（Zolpidem）、苯二氮平類（Benzodiazepines）等類鎮靜催眠藥品。

㈡毒品對人類產生的藥癮性／依賴性與傷害性

除了早期社會人類使用植物「大花曼陀羅」[11] 作為醫療用的麻醉劑或宵小不肖之徒用的蒙汗藥或迷魂藥外，罌粟花提煉的「鴉片」便是人類社會使用最早的毒品了。隨著科技文明，毒品創新與精煉技術升級，各類新興毒品陸續問世，對人體生理因有藥癮及干擾性而有各種不同程度的傷害，其中以原植物精煉的海洛因及古柯鹼危害最大，人工合成的毒品則以K他命及安非他命危害最大，值得注意的是，不屬毒品的菸酒類也容易因為常吸食而上癮（圖13-11）。

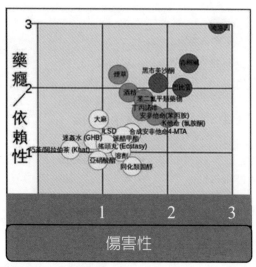

圖13-11　各類毒品對人體生心理的危害
圖片來源：維基百科。

---

[11] 曼陀羅的花有毒，以果實及種子毒性最大，有良好的麻醉止痛作用，可廣泛用於多種疼痛疾病，也可配川烏、草烏、薑黃等同用。

第二節　毒品對個人的危害

一、毒品操控人類（manipulate）的力量

毒品藉抑制、興奮與迷幻個人的中樞神經來製造虛擬樂趣反應。分述如下：

㈠中樞神經抑制劑

使吸食者其無法正常發揮大腦功能，人會昏迷，暫時失去記憶，如鴉片、嗎啡、海洛因等。

㈡中樞神經興奮劑

使人處在精神高亢狀態，過度感受莫名的興奮，此類毒品如古柯鹼、安非他命等，許多人用在熬夜工作上。

㈢中樞神經迷幻劑

使人失去判斷力，對外界刺激產生幻象，此類毒品等同煙、酒，是毒品入門的最佳選擇，因為不會產生心理依賴、藥物耐受性及痛苦的戒斷症候群症，如大麻。

二、吸食毒品上（成）癮的原因

當我們吃喜歡的食物或事情，中樞神經腦皮質樂趣區的多巴胺神經迴路會被活化，使多巴胺（Dopamine）增加而產生快樂的感覺，這過程是「獎賞效應」，讓我們獲得滿足與快樂。毒品產生的獎賞效應非常強烈，讓人越用越想用，產生精神上對它的依賴性，導致欲罷不能而上癮。賭癮、煙癮、酒癮、網路成癮、權力成癮為何會成癮，因為此類上癮為兩種作用力之總和，即心、生理作用產生的操控動因（drives）。

毒品干擾中樞神經正常的理性與感性作用，使人暫時忘怯煩惱與憂愁並獲得虛擬樂趣感覺，但留下的大腦記憶，卻以為是真實的並產生強烈再追求此樂趣感的動因，以至於成癮後無法克制不再吸食。

因為毒品對人類中樞神經的操控力（drives）實在太強了，一般人上

癮後不能自拔。因為人類是生活在（現）實（環）境中，樂趣感應該要來自實體的體驗而生，毒品製造虛幻樂趣，所以無法帶來樂趣體驗的益處！

三、毒品對個人的危害

(一)毒癮操控吸食者大腦，偽造樂趣（pleasure）並產生強烈追求動因

1. 腦皮質區邊緣系統（limbic system）之樂趣區（pleasure area）富含多巴胺（Dopamine）及血清素（Serotonin）神經元，如果外界刺激強烈，則反應後所釋放的多巴胺量隨之增大，生理上感受到的樂趣就多。

2. 酒精、尼古丁或毒品之所以讓人上癮，是因為這類外界刺激透過不同的「藥理作用」，會讓我們身體組織分泌多巴胺，使得生理獎賞效應非常強烈，所以產生依賴性而上癮。

3. 毒品操控大腦訊息傳遞，造成生心理失衡，產生「戒斷症狀」；長期使用，則生妄想、幻聽等精神病症。

(二)破鏡難圓、覆水難收

1. 吸食毒品者在歷盡千辛萬苦的戒斷過程後，如果成功了！值得歡呼，但日後遭遇到各種難解心事時，再犯機率甚高，這也是說毒癮難以根本戒斷的原因。

2. 以人為操控正負電極刺激腦部邊緣系統樂趣區，也可以得到樂趣感，對戒斷毒癮雖有幫助，可減緩「毒癮發作」時的痛苦，但仍然無法讓中樞神經獲得生理平衡，恢復正常，所以毒癮仍會持續發作，故追本溯源之道就是切勿沾染。

(三)為害實例

1. 快克古柯鹼（Crack Cocaine）：快克古柯鹼是結晶狀的古柯鹼，藉由加熱後產生的煙霧吸入體內。較一般的古柯鹼猛烈、強勁，採用抽煙的方式更快將毒品送達腦部，因為不是用鼻子吸入粉末，所以更快上

癮，第一次嘗試可能就上癮了。

2. 約會強暴藥丸（FM2）：安眠作用快速（20分鐘），作用強（爲一般安眠藥的十倍），安眠效果久（8～12小時），FM2爲約會強暴藥物的首位，有很好的水溶性，其他的約會強暴藥物有K他命（卡門）等。社交場合任何飲料非密封或曾經離座，即不可飲用，在飲用十幾分鐘後，若感到異常，昏昏欲睡，則須把握時間，大聲呼救。最近瑞士羅氏藥廠（Roche）特別將製劑改爲藍色，以提醒一般人留心飲料中是否有加藥。現在，不良份子愈加惡劣地將更小的白色圓形藥錠溶入水中，製作了更危害人的液態約會強暴藥（圖13-12）。

圖13-12　液態約會強暴藥（FM2）
圖片來源：新浪新聞。

3. 搖頭丸或快樂丸：俗稱搖頭丸的毒品，屬於安非他命的衍生物，是一種化學結構類似安非他命的中樞神經興奮劑，英文叫作MDMA（3,4-methylenedioxy-methamphetamine）。搖頭丸是在1914年由德國默克（E. Merk）公司合成爲減肥藥用途，後來發現此藥主要作用與興奮劑及迷幻藥物類似，口服後會產生愉悅、多話、情緒及活動力亢進的現象，服用後約二十分鐘至一小時會產生作用，藥效可持續數小時。主要的藥理作用是使大腦的神經傳遞物質Serotonin（血清素）的分泌增加，另外他也會使大腦神經釋放出多巴胺Dopamine，因而產生

興奮感及幻覺經驗，迷幻作用包括感覺的增強與扭曲，以及錯覺的產生，也包括增強精神運動能量，興奮交感神經系統作用。市面販售的搖頭丸有些不只含有MDMA的成份，更有添加甲基安非他命、安非他命或咖啡因等成份，毒性變得更強（圖13-13）。

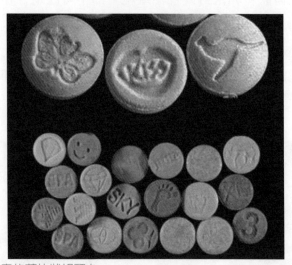

圖13-13　卡通圖案的藥片狀搖頭丸
圖片來源：https://kknews.cc/news/。

4. 迷姦藥水（GHB）：是一種類固醇代用藥物（steroid alternative），因為會刺激成長激素的分泌，使身體脂肪減少肌肉變大，因此常被當作減肥藥使用。GHB（γ-hydroxybutyric acid）在臺灣又叫做液態快樂丸，G水、X水，或迷姦藥水，是一種無色無味的透明液體，也有以粉狀或粒狀的藥粉存在，使用前，將藥粉溶於水或飲料中服用。GHB、FM2與K他命，被稱為三大迷姦藥物。GHB會增加腦中的多巴胺（dopamine）濃度，只要10 mg，即引起短暫記憶力喪失及肌肉無力的情形；只要50 mg，即可引起立即性的意識喪失與昏迷。GHB會使人快速昏睡及暫時性喪失記憶力，被迷姦的被害人，經常醒來後完全不記得發生甚麼事；而且GHB在人體內代謝的相當快，常常無法及時被檢驗出。

5. K（愷）他命：臺灣嘉義市聖馬爾定醫院，近日連續收治兩名少女吸食K他命送醫急救案例；臨床共同特徵是膀胱功能喪失，排尿困難，起初以為是腎臟或是泌尿道問題，後經仔細詢問才發現，原來是長期「K毒」所致。K他命的代謝物會造成膀胱黏膜受損、出血、膀胱黏膜纖維化與膀胱萎縮等永久性的身體傷害。臺灣地區經司法機關查獲的毒品數量中，K他命位居第一位，因其具有興奮、抑制、迷幻、麻醉等多重藥性，同時也是校園藥物濫用的第一名。西元2020年，臺灣地區不法集團在網路上販售添加了K他命的「迷姦金莎巧克力」，從外觀上完全看不出來和一般市售的金莎巧克力有何不同（圖13-14）。

圖13-14　警政署刑事警察局查獲的K他命

圖片來源：https://www.ettoday.net/news/20150507/503291.htm。

第三節　參與休閒活動避免染上毒癮

一、防制毒品上身之道

(一)培養興趣，獲得原生樂趣感

1. 藥物製造出虛擬幻想的化學樂趣，形成強大的操控力量，讓人上癮而不能自拔。

2. 因為本來就無參與休閒活動並獲得樂趣體驗，所以也沒有得到樂趣感衍生之附加心生理利益。

3. 從休閒或流行文化的活動參與中獲取滿意地樂趣感，可以提升日常生

活品質，成爲身心健康的個體。

(二)杜絕來源，避免出入龍蛇雜處的休閒娛樂場所與結交善友

1. 臺灣地區政府機關法定的八大行業，營業場所龍蛇雜處，易於毒品流通，常常前往娛樂，有如孔夫子曰：「與不善人居，如入鮑魚之肆，久而不聞其臭，亦與之化矣。」、「丹之所藏者赤，漆之所藏者黑。」很快就會沾染一些惡習及不自知的接觸到一些隱藏其內的毒品，是以「君子必慎其所與處者焉。」。

2. 孔夫子亦有云：「與善人居，如入芝蘭之室，久而不聞其香，即與之化矣。」結交善友，相處之間耳濡目染皆正當言行，自然斷絕了毒品入侵的管道。

二、多元休閒，開發生活樂趣管道

(一)個人休閒以嗜好爲要，家庭休閒以具建設性遊樂活動爲主

1. 個人藉正當休閒活動參與，累積足夠的生活樂趣，使身心達到平衡，情感與理智得到和諧，就不會追求速食樂趣而易成癮。

2. 當家庭親情、同儕友情、學校學業、運動活動、嗜好與興趣填滿了我們的日常生活中，群體生活有快樂，毒品就不容易趁虛而入。

(二)遊戲類休閒與娛樂性休閒是日常生活休閒時間的選項

1. 熟習簡單的遊戲活動可以快速恢復身體器官的疲勞狀態，無須藉提神飲料或咖啡因類物質來持續我們工作的力量。

2. 娛樂性休閒場域常是社群團體聚會分享之處，人造娛樂情境能令群體易於獲得人際友誼與共享歡樂氣氛。

問題及思考

1. 現今的社會為何毒品難防？
2. 個人吸毒上癮後，為何難以戒斷？
3. 在臺灣地區毒品如何被分類與分級？
4. 為何經常參與休閒與流行文化的活動可以幫助我們不易沾染毒品？

第十四章 觀展（fair & exposition）流行文化

Chapter14　Popular Cultureon Fairs & Exposition

學習重點

➢ 知道MICE產業及會展之概念。

➢ 認識世界博覽會。

➢ 熟悉世博會之歷史沿革。

➢ 瞭解會展業之延伸價值。

第一節　會展（MICE）產業介紹

一、會展（MICE）產業的項目與內容

　　各國政府在促銷觀光事業時推出結合旅遊的產品組合（product mixtures），內容為：

(一)Meeting：小型研討會與商務會議旅遊。

1. M是Meeting, Seminar, and Cooperate Meeting等字的頭文（initials），指小型的研討或商務會議，其中也包括Workshop。
2. Seminar通常是比較小型的研討會，多為10至50人左右，主題很多元，可以與商業策略、產業趨勢相關。
3. corporate meeting公司行號內部業務會議。
4. Workshop工作坊或商務討論會。

(二)Incentive Travel：獎勵性旅遊。

1. 公司行號為了激勵員工的目的，提升或增加工作績效而舉辦的旅遊，

內容為旅遊或是結合會議、參訪、展覽與其他特殊目的等的旅遊行為。

2. 業績掛帥的企業，如直銷、壽險、房屋仲介、醫藥銷售、會員證販售、車售或高價精品珠寶等業者常採用。

㈢Convention：國際會議與大型年會旅遊。

1. C是Conference, Convention and Congress這3個字的頭文，代表不同主題之大型會議。

2. Conference多指正式會議，尤其是有正式議程的商務會談，讓與會者有機會學習新知識，交流信息和尋求諮詢。

3. Convention一般指大型集會，參與者有著共同的興趣愛好，相對氣氛要輕鬆不少。

4. Congress由代表們參加的會議（圖14-1）。

圖14-1　不同主題國際會議與大型年會
圖片來源：作者拼貼照片製作。

㈣Exhibition：國際商展（international fairs）與世界博覽會（expositions）。

1. E是Exhibit, Exhibition, and Exposition等3個字的頭文，代表不同規模

工商業或科技性的展覽會，其中也包括trade fair。

2. Exhibit展品樣色較少的小型展覽。

3. Exhibition展示（displays）、展覽、展銷會。

4. Exposition專指博覽會，包括綜合與專業性世界博覽會由世界博覽局
（BIE）授權舉辦。

5. trade fair商品交易會，貿易展銷會。

二、展覽活動概觀

(一)何謂「觀展潮流」？

1. 展乃展覽（Displays）也。規模小至showroom、fair、exhibit，大至
exhibition及exposition（展覽會界的Olympics級盛事），展覽是工商業
者推出新產品之櫥窗或是商業促銷活動之延伸舞臺。

2. 旅遊展、精品傢俱展、3C產品展、動漫展、視聽音響展等，都吸引大
批參觀人潮。參觀各行各業舉辦的展覽場，尋找「好康」及「觀賞」
已成風潮。

3. 任何展覽，不管是小型商展或大型博覽會，應用為觀光事業之景點
組部分，皆稱為節慶活動（special events），展覽本身就是精彩節
目，有時尚需現代科技加持（如早期電子琴花車，現在之電音三太
子）為娛樂節目，展覽商業化之餘，尚須找藝人串場，不論是找A
咖[1]藝人（林志玲代言花博），B咖藝人（影視綜藝節目角色代言各
類電子展），或是C咖藝人代言，主要視販售商品的利基市場（niche
market）來決定。一般說來，基於成本效益，B咖藝人放在現行臺灣中
小規模展覽產業是最適當的（圖14-2）。

(二)展覽之流行特性

1. 產品具有新奇性及主題性。

2. 產品充滿商機及附加價值。

---

[1] 「A咖」是「cast」的音譯，cast是演員、角色的意思，閩南語的大角色用「大腳」，讀音剛好是「大
咖」的意思，「咖」，是臺灣說法的「大腕」。

圖14-2　各類型商業展覽會場均有商品代言公關
圖片來源：蘋果日報。

3. 娛樂活動及知名藝人加持。
4. 充滿知性及感性體驗情境。
5. 越大型的展覽越是主題化。

第二節　世界（萬國）博覽會的故事

一、世界博覽會之定義

(一)世界博覽會之定義

1. 牛津字典：商品與藝術品的展示，泛指規模很大的產品展覽，產品類型涵蓋工業產品、藝術產品、商品、知識產品與文化產品等。

2. 大英百科全書：舉辦博覽會主要目的及意義在於鼓舞公眾興趣、促進生產、發展貿易、展現一種或多種生產技術之進步與成就，邀請各國將藝術品、科學成果或工業製品有組織陳列於特定場所，互相觀摩學習，進而達到教育宣導之效果。

3. 大美百科全書：博覽會源自於傳統商品市場，但是並不作為一般商業交易的地點與場合，而是提供一個展示國家產業技術與科技水準的地方，藉以展現國家經濟實力。

4. 維基百科，自由的百科全書：世界博覽會，又稱國際博覽會及萬國博覽會，簡稱世博會、世博、萬博，是一個具國際規模的展覽會。參展國家或業者向世界各國展示當代的文化、科技和產業上正面影響各種生活範疇創新的成果。

(二)世界博覽會的由來

1. 市集和古代城市間定期舉行的大型廟會，這就是早期展覽會的雛形。五世紀，波斯舉辦了第一個超越市集功能的展覽會，當時波斯國王以陳列財物來炫耀本國的財力及物力，以期威懾鄰國。
2. 十八世紀末，人們逐漸想到舉辦與市集相似，但只是展而不賣的展覽會，這一新的想法於1791年付諸實現，在捷克的布拉格首開先例。
3. 隨著工業革命的到來，社會生產力的提高，科學技術的進步，及國際交通的發展，為舉辦國際性的展覽提供了有利條件；因此展覽會的規模逐步擴大，展場覆蓋的地域範圍從地區擴大到全國。
4. 進入十九世紀中期，展覽會上產品超出了單一國家的範圍，1851年5月1日水晶宮世博會在英國倫敦開幕，當時維多利亞女王首創「通過外交途徑邀請各國參展」並建立了傳統。

二、舉辦世界博覽會之年鑑

(一)第一個真正的世界性博覽會

1. 水晶宮世博會

   (1)1851年5月1日水晶宮世博會在英國倫敦開幕，當時維多利亞女王首創「通過外交途徑邀請各國參展」並建立了傳統，英國在倫敦的海德公園內建造了一座通體透明的玻璃建築，它長1,700英尺，高100英尺，佔地面積96,000平方公尺，用了5,000根鋼柱，30萬塊玻璃，此展覽館動用了英國整個工業界的技術和力量，一改維多利亞時代石頭建築的笨重風格，新穎而獨特，被人們稱之為「水晶宮」（Crystal Palace）。

⑵當時已進入十九世紀中期，展覽會上產品超出了單一國家的範圍，這屆博覽會共有10個國家參展，161天的展出期間，共吸引了630萬人次的觀眾。

⑶在博覽會期間，最受參觀者矚目的展品是引擎、水力印刷機、紡織機械等技術型產品。它的所有的展品，代表著現代工業的發展和人類的無限想像力，成為啟動二十世紀科學與進步的巨大動力，它的輝煌成功使以後的世界博覽會與奧林匹克運動會一樣成為全球規模的盛會，因而，世界博覽會被譽為「經濟、科技與文化界的奧林匹克盛會」（圖14-3）。

圖14-3　水晶宮展館原型（Original Hyde Park building）
圖片來源：維基百科。

2. 水晶宮博覽會之時代意義

⑴世界博覽會不僅是一次「眼花撩亂，豐富多彩」的陳列，而且開創了以後數十年的自由貿易的先驅，向人類預示了工業化生產時代的到來。

⑵博覽會由國家舉辦，國家元首發出邀請，它的政治與外交意義表達了這是政府的行政行為。

3. 世界博覽會之貢獻

(1)歷屆世界博覽會均反映了當代政治、經濟、文化和科技的發展水準及其成就，同時也展示人類社會經濟發展的未來前景，提出了人類社會所面臨的重大問題，供人們思考。

(2)世界博覽會不僅吸引了大量的觀眾，更主要的是它成為主辦國宣傳自己在建設方面所取得成就的窗口，

(3)已開發國家舉辦世界博覽會，從而提高了主辦國的國際地位和影響、擴大國際交流與合作、促進了經濟、科技、文化和旅遊業的發展。

(4)這也是今天世界各國爭相舉辦博覽會的主因。

(二)世界博覽會的里程碑

1. 美國紐約世界博覽會：

倫敦水晶宮閉館兩年之後，1853年在紐約舉辦了由23個國家參展的博覽會，首次增設了農業部分，開創了新的方式和內容（圖14-4）。

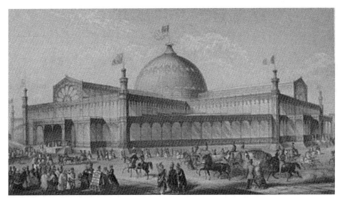

圖14-4　美國紐約世界博覽會
圖片來源：雪花新聞。

2. 法國巴黎博覽會：

(1)1855年巴黎首次舉行世界博覽會，至今巴黎共舉行了五次的世界博覽會，今日巴黎的重要地景中，許多是舉辦博覽會所興建的，使得

巴黎開始成為燦爛的明珠。

(2)博覽會中舉辦了藝術展,展出了名家畫作,同時還展出了混凝土、鋁製品和橡膠,並開創了外國元首參訪博覽會的先例,從此以後,許多世博會舉辦國都要邀請一些國家的領導人參觀,一方面是擴大影響層級,另一方面是為了提高知名度。

3. 1862年倫敦博覽會:新添了音樂會的形式,演奏音樂作品成的節目之一,從此許多世界博覽會皆模倣這種做法,除了舉辦國在展覽期間進行各種文藝表演外,還邀請參展國家的文藝團體進行演出,進行文化交流,活躍了會場的氣氛。

4. 1867年巴黎開創了一種新的世界博覽會形式,以各參展國的建築風格搭建各國會館。在這次博覽會上,燈塔、海底電纜、水力升降機、滾珠軸承等工業新產品首次亮相。

5. 1876美國賓州費城世界博覽會:1876年美國紀念獨立一百週年,在費城舉辦了世博會,會址建了一個火車站,並有通往各處的軌道電車線以突顯出交通設施科技主題。

6. 1878巴黎世界博覽會:

(1)1878年的巴黎世博會更具特色,各種新發明競相呈現,如貝爾的電話,愛迪生的留聲機,冷凍船等都是劃時代的發明。

(2)在娛樂宣傳方面,主辦國製作了一個可高升1,500英尺的大氣球及建了一座水族館,格外引人注目,特別是召開了一系列具有歷史意義的世界會議,如維克多・雨果主持的藝術與文學遺產會議,以及郵政會議、貨幣會議和度量衡標準化會議等。

(3)時至今日,博覽會舉辦各種學術討論和科技交流活動已成固定內容(圖14-5)。

7. 1889巴黎世界博覽會:

(1)法國政府為慶祝法國大革命一百週年紀念,舉辦了此次世界博覽會。

(2)為了慶祝這次紀念大典,在會場特意建造了一座博覽會的主題塔—埃菲爾鐵塔(La Tour Eiffel),後來成為法國和巴黎的象徵地標,

圖14-5　美國發明家愛迪生的留聲機（1877年）
圖片來源：壹獨期刊（https://read01.com/）。

也常稱為巴黎鐵塔。

⑶這次博覽會吸引了3,200萬的參觀者，其中有350萬人登上了新落成的埃菲爾鐵塔。

⑷博覽會中展出了各種類的蒸汽機、電動機，會場內建立了非常便利的交通設施，此明智之舉解決了每天十多萬觀眾的交通問題。

⑸事實證明，主辦博覽會，觀眾的疏散和會場的交通問題都是首要考量，最近舉辦的幾屆世博會，都採用了纜車、單軌電車或大型廣體巴士來解決觀眾的交通問題，有很好效果。

8. 1893美國芝加哥世界博覽會

⑴十九世紀末，電的發明和應用成為本次耀眼的「明星」。會中展出了電動火車，博覽會電子館妝點了幾萬個鎢絲燈泡，把黑夜照亮的如白晝。

⑵這次世博會的創新是設立了婦女館，館內展示了「婦女們參加社會勞動，擺脫數百年來之附屬地位」。

9. 1898比利時布魯塞爾博覽會

　　⑴布魯塞爾（Brussel）博覽會是人類社會十九世紀最後舉辦的世界博
　　　覽會。

　　⑵展示了婦女運動的更大成就，博覽會的兩部分是由婦女來管理，一
　　　是如何進行體能訓練和開發，另一是工業和裝飾藝術。

㈢二十世紀世界博覽會之重要成就

1. 1900年世紀之交，巴黎舉辦冠以「世紀總結」之名的博覽會，介紹地
　　鐵，展示十九世紀的成就，參觀者多於以往。1904年博覽會在美國聖
　　路易市舉行，展出了飛機和無線電。1915年，慶祝巴拿馬運河的開
　　通，美國在舊金山舉辦了巴拿馬太平洋博覽會。

2. 第一次有主題的世界博覽會：

　　⑴芝加哥於1933年第二次舉辦世博會，確立了第一次有主題的博覽
　　　會，主題為「一個世紀的進步」。自此之後，所有國家舉辦的世博
　　　會皆訂定有主題。

　　⑵當時世界正處於經濟危機的深淵中，令人矚目的是航空科技的成
　　　就，瑞士的奧古斯特・皮卡德教授（Prof.AugustePiccard）[2]的熱氣
　　　球上升到了48萬英尺的高空（圖14-6）。

3. 1937巴黎世界博覽會：

　　⑴1937年的巴黎世博會主題為「現代世界的藝術和技術」。

　　⑵由於勞工遊行和罷工、許多展覽館並未如期完工，但是由外勞建造
　　　的德國館、義大利館和蘇聯館均按時完成，獲得耀眼成就。

4. 1939紐約世界博覽會：

　　⑴1939年～1940年紐約舉行世博會，距上屆博覽會只隔兩年，但仍有
　　　64個國家參展。

　　⑵本屆博覽會的佔地面積超過以往，共1,200英畝，主題為「明日新世

2　皮卡德教授還因為發明了第一艘深海潛水艇FNRS-2而聞名，他在1948年進行了多次無人潛水艇探
　　索。

圖14-6　奧古斯特‧皮卡德教授的探測同溫層熱氣球
圖片來源：維基百科。

界」，喊出新口號「人類相互依存」號召以今天的力量建設明天的
美好世界，尼龍和塑膠問世，但博覽會開幕不久，第二次世界大戰
就爆發了。

㈣二次大戰後之首次世博會

1. 二次大戰後，世界各國在滿目瘡痍的廢墟上重建家園，1958年比利時
   在布魯塞爾舉行戰後第一個博覽會，主題為「科學、文明和人性」。
2. 為了展現科技的主題思想，布魯塞爾世博會建造了一座原子結構的球
   型展覽館[3]，代表人類進入了科技進步的新世紀象徵，它獨特新穎的
   造形，雖然時隔半個世紀仍然歷歷在目。布魯塞爾博覽會的輝煌和豐
   富，幾乎使以往所有的世博會都黯然失色（圖14-7）。

㈤1962西雅圖與1964紐約世博會

1. 1962年美國華盛頓州西雅圖舉辦了一次規模不大的專業性的博覽會
   「太空時代的人類」。博覽會展出嶄新的先進科技，包括自動販賣機
   和單軌電車，獲得極大成功。
2. 1964年為了紀念紐約市建城三百週年，紐約再次舉辦了世界博覽會，

3　是一個將鐵分子模型放大2,000億倍的建築物。最高處108公尺，上面有旋轉餐廳，其它層是各種展覽
　　館。

圖14-7　布魯塞爾世博會原子結構的球型展覽館

圖片來源：維基百科。

　　主題為格調高雅的「通過理解走向和平」。然而這次博覽會濃重的商
業氣氛，使觀眾裹足不前，失去了紀念活動的意義。

㈥世界博覽會首次在日本舉辦

1. 1970年在日本大阪市首次舉辦了綜合性世界博覽會，主題為「人類的
進步與和諧」，向觀眾展示了繼東京奧運會之後，日本在各方面的發
展和成就，得益於這次博覽會，日本在之後十年的經濟發展中一直保
持著強勁的趨勢。

2. 1985年再次舉辦專業性世界博覽會，會址是在新造城鎮筑波市，一
座距東京50多公里的全新科學文化城。博覽會的主題是「居住與環
境──人類的家居科技」。

3. 1990年日本大阪舉辦了專業性的國際花與綠博覽會，主題是：「人類
與自然」。展出以世界園藝為內容的活動。世界博覽會（專業型）和
國際園藝博覽會（A1級）共同認證，有82個國家參加，55個國際組織
與日本各省市和大企業都單獨設了展覽館或展示臺，為亞洲首次舉辦
的大型國際園藝博覽會，非常成功（圖14-8）。

㈦1988澳洲布里斯班博覽會

1. 1988年為紀念英國人在澳洲移民兩百週年，澳大利亞在東部黃金海岸

圖14-8　大阪國際花與綠博覽會解說指南
圖片來源：作者翻拍自博覽會解說指南。

　　城市布里斯班舉辦了世界博覽會。博覽會的主題「科技時代的休閒生活」，展現了人類在科技發達時代中的休閒和娛樂。

2. 各國都在這個主題上大做文章，以體育、文藝、娛樂、旅遊、休閒、烹調、園藝等各種內容來表現出人類生活的多彩多姿。

㈧二十世紀最後的專業及綜合型的國際博覽會

1. 二十世紀末的世博會有1998年在葡萄牙里斯本博覽會，1998年是聯合國揭示的國際海洋年，博覽會的主題為「海洋－未來的財富」。博覽會佔地55公頃，共有120個國家和地區參加。接待觀眾超過2,000萬人次，這是一個專業性博覽會。

2. 1999年中國大陸在雲南省昆明市舉辦A1類專業型的園藝博覽會。

3. 2000年在德國漢諾威舉辦二十世紀最後一次的綜合型世界博覽會。主題「人類‧自然‧科技」。

㈨二十一世紀首次世界博覽會

1. 為迎接新世紀的到來，加拿大和日本競逐申辦二十一世紀初的世界博覽會。在國際博覽局會議進行表決中、日本政府獲准舉辦2005年在愛

知縣舉辦博覽會。日本已經把2005年稱為「世博年」，動員全民力量，要把愛知世博給「辦起來」。

2. 2005年日本愛知世界博覽會展出時間從3月25日到9月25日（共六個月，185日），臺灣稱「2005年日本國際博覽會」，簡稱「愛知萬博」，累計入場人數超過2,200萬人。這次世博，臺灣沒有自己的展覽館，但有五個巨型文化舞蹈表演及一個以臺灣為主題的餐廳進駐。

3. 博覽會舞臺是距名古屋市中心約廿公里的丘陵地帶，籌備單位說：「博覽會由瀨戶、長久手兩個會場組成，利用現有的公園地形，未破壞現在的森林，充分反映『自然的睿智』的主題」。

4. 透過一條全長2.6公里叫「全球環路」的主要道路連接長久手會場等六個共同展區，好像從地上浮起的一座「空中迴廊」，在建設這條迴廊時沒有砍伐任何樹木，表達「與大自然共存」的理念。

5. 日本鐵道（JR）也有獨自的展覽館，除了介紹新幹線，最近發展出來的超導磁浮列車（Linimo），也是重點展覽項目之一，這種磁浮列車時速可達581公里，是日本開發出來的新交通工具。連接會場與地鐵東山線藤丘站是日本首建的磁浮電車線，這是二十一世紀代表性的新交通系統。

6. 展覽期間最受矚目的展示焦點應該是一萬多年前已滅絕的長毛象，這是從中亞哈薩克共和國（Qazaqstan）凍結土壤中挖掘出來的長毛象頭部及左前腳，在完全冷凍狀態下搬運到會場，這是世界第一頭出土較完整的長毛象（圖14-9）。

㈩華人國家首次舉辦的世博會

1. 2010年上海世界（萬國）博覽會於5月1日開幕，展期6個月，10月31日閉幕，展期六個月，184天，本屆世博會共有256個國家和地區及國際組織參加展出，吸引了世界各地共7,308萬人次參觀者。

2. 上海世界博覽會的主題是：城市，讓生活更美好（Better City, Better Life）。全球首創「全天域球幕4D劇場」、「懸托式球體劇院」、

圖14-9 日本愛知世界博覽會展出的長毛象
圖片來源：作者提供（照片）。

「懸掛式空中劇場」。

3. 上海世博會中國館位於整個世博展區正中央，其外形是由夏商周時期青銅器中，最具代表性的「鼎」為設計靈感。吉祥物為海寶。

4. 臺灣館為720度4D全天域球幕劇場，所謂4D就是除了3D的立體視覺刺激之外，還多了「觸或嗅覺」這個層次。也就是當海豚在海中飛躍時濺出水花，你在劇場中也可能被水花潑濕，當畫面出現蘭花時，你也可以聞得到蘭花的香氣。臺灣館於會期後搬遷至新竹市。

三、世界博覽會累積獲得的經驗知識

(一)為何世界博覽會舉辦國需要選定？

1. 許多國家利用世界博覽會宣傳及建立國家形象，如：法國主辦了4次大規模的世博會（1876、1878、1889、1900年），美國舉辦了8次世博會（1876、1893、1904、1915、1933、1939、1962、1964年）。日本於二次大戰後舉辦4次世博會（1970、1985、1990、2005年）。

2. 由於正面效益大，以致造成世博會舉辦過於頻繁，為了控制博覽會舉辦的頻率和保證博覽會的水準，1928年由法國發起成立了「國際展覽局」（BIE），總部設在法國巴黎，目前BIE成員國有87個。

3. BIE成立後，於1928年11月22日召開會議，有31個國家的代表參加，會

議認爲有必要建立一套規章制度，並爲參展者提供必要的保證措施。這次會議簽訂了世界第一個協調與管理博覽會的建設性「公約」，即《1928年國際展覽會巴黎公約》，公約的執行機構是國際展覽局。

4. 公約規定了博覽會的舉辦週期和展出者與組織者的權利與義務，明確規定每三到五年才舉辦綜合性的世博會，綜合性的世博會展出時間以不超過六個月爲原則，期間可以適當安排專業性的世博會，專業性的世博會時間不超過三個月。

(二)爲何世界博覽會不在2、4或6月開幕，或舉辦七個月以上？

1. 舉辦世博會的目的是爲慶祝一個重大的歷史事件或一個地區或國家的重要紀念活動。

2. 爲了展示人類在政治、經濟、文化、科技方面的成就及展現人類社會及經濟發展的前景而申辦的博覽會，其舉辦時間長，展出規模大，參觀人數眾，參展國家多，耗資大是任何展覽會難能比擬的。

3. 世界博覽會不僅給舉辦國家帶來了具大的經濟效益，擴大國際交流與合作，而且創造了很好的社會效益，從而促進社會的繁榮和進步。

第三節　臺灣的國際級展覽會

一、臺北國際花博

(一)臺北國際花卉博覽會概述

1. 臺北市政府與臺花卉發展協會於2006年4月，在義大利熱內亞舉辦的國際園藝生產者協會（AIPH）春季會議提出申辦國際園藝博覽會的意願，經審查後大會一致通過申請提案，並於2006年11月正式發函審查通過。

2. 臺北是繼日本大阪[4]（1990）、中國昆明（1999）、日本淡路島（2000）與濱名湖（2004）、中國瀋陽及泰國清邁（均爲2006）之

4　同時獲得國際博覽局（BIE）授權許可爲專業性世博會。

後，亞洲第七個經AIPH授權認證舉辦國際園藝博覽會的城市。

3. 主題：彩花、流水、新視界。

(二)臺北國際花博形象代言人

1. 臺灣知名模特兒林志玲為第一位為花博宣傳的藝人，出席多場花博的宣傳記者會和活動。

2. 臺灣知名女子團體S.H.E（並獻唱熱力花博主題曲《SHERO》、《SHERORemix》）。

3. 臺灣搖滾男歌手伍佰重新獻唱《你是我的花朵》，表達支持花博的心意，並代言徵求「i花博創意手勢」。

4. 臺灣知名男歌手周杰倫為花博代言創作了《好久不見》，MV中展現了臺北的景點風景。

二、新竹市上海世博臺灣館的營運

(一)新竹世博臺灣館

又稱新竹天燈館，位於臺灣新竹市東區。原為上海世界博覽會的臺灣展覽館，活動結束後由新竹市投標取得並重建，由李祖原聯合建築師事務所及達欣工程共同籌建，2013年2月21日正式啟用。僅開幕三年，就因遊客不來而關閉，2016年6月30日，結束營業（圖14-10）。

圖14-10　新竹天燈館門票（市政府已結束營運）
圖片來源：新竹市政府官網。

㈡新竹市兒童探索館

　　2017年9月4日，新竹市政府獲得聯發科技董事長蔡明介捐贈新臺幣5千萬元後，規劃世博臺灣館轉型為新竹市兒童探索館，將維護成本高的球體LED燈拆除，保留外觀並設計天空閱覽區及親子閱讀區。整修工程於2020年4開工，預計2022年4月完工啓用。

問題及思考

1. 會展（MICE）產業的組合內容為何，與觀光事業整合的方式為何？
2. 世界第一次舉辦的世界博覽會是在哪個國家與城市，名稱為何？
3. 為什麼現代舉辦的世界博覽會都有明定主題？
4. 臺灣曾舉辦過國際花卉博覽會，嚴格說來，是屬於國際博覽局（BIE）認證的專業性世界博覽會嗎？

參考文獻

一、中文部分

1. 李明，2006，《蘋果橘子經濟學》。（譯自Levitt, D. S. &Dubner, J. S.著Freakonomics: A Rogue Economist Explores the Hidden Side of Everything.）大塊文化，臺北市。

2. 吳明哲，2003，《度假村經營管理》。（譯自Mill, C. R. 2001著Resort Management and Operation）品度股份有限公司，臺北市。

3. 林玥秀、陳俊竹，2012，《觀光與餐旅業行銷》，三民書局，臺北市。

4. 姜雪影，2012，《先問為什麼：啓動你的感召領導力》。（譯自Sinek, Simon 2009著Start with Why: How Great Leaders Inspire Everyone to Take Action）天下雜誌股份有限公司，臺北市。

5. 陳以禮，2008，《聽彼得杜拉克的課－百年經典十五講》。（譯自Krames, A. J.著Inside Drucker's brain）時報文化，臺北市。pp.183-186。

6. 陳秋萍，2017，《你快樂，所以你成功》。（譯自Seppala, Emma, The Happiness Track: How to Apply the Science of Happiness to Accelerate Your Success）時報文化出版公司。

7. 陳雅馨，2010，《療癒系旅行：你需要到哪裡去渡假》。（譯自Schaler, Karen 2009, Travel Therapy: Where do You Need to Go?）馬可孛羅文化，臺北市。

8. 曾光華，陳貞吟，饒怡雲，2008，《觀光與餐旅行銷：體驗、人文、美感》。前程文化事業有限公司，新北市。

9. 楊知義，賴宏昇，2019，《渡假村開發與營運管理》。揚智文化事業股份有限公司，新北市。

10. 楊知義，賴宏昇，2020，《博弈活動概論》。揚智文化事業股份有限公司，新北市。

11. 楊知義，莊哲仁，2020，《休憩學概論－理論實務與案例》。五南圖書出版股份有限公司，臺北市。

12. 楊知義，2021，《森林遊樂學》。揚智文化事業股份有限公司，新北市。

13. 齊思賢，2005，《杜拉克思想精粹－變革的哲學》。（譯自上田諄生編著）。商周出版，臺北市。

14. 魏珠恩，1996，《腦內革命》。（譯自春山茂雄著作《腦內革命》），創意力文化事業有限公司，臺北市。

二、英文部分

1. Bammel, Gene & Burrus-Mammel, L. Lane, 1996, *Leisure and Human Behavior.* 3rd Edit. Browm & benchmark Publishers. USA

2. Bremner, Moyra, 1989, *Modern Etiquette and Successful Behaviour for Today.* Butler and Tanner, London Great Britain

3. Buswell, John, 1993, *Case Studies in Leisure Management Practice.* Pitman Publishing, London UK

4. Cordes, A. Kathleen & Ibrahim, M. Hilmi, 2003, *Applications in Recreation and Leisure: for Today and The Future*, 3rd Edit., McGraw-Hill Higher Education.

5. Critcher, C., Bramham, P., and Tamlinson, A., 1995, *Sociology of Leisure: A reader.* E & FN Spon London, UK

6. Crossley, V. John & Jamieson, LM. Lynn, 1998, *Introduction to commercial and entrepreneurial recreation.* Revised Edition, Sagamore Pub. Llc.

7. Druck, F. Peter, 1985, *Innovation and entrepreneurship.* New York: Harper & Row Publishers.

8. French, Ylva, 1994, *Public Relations for Leisure and Tourism.* Longman Group Limited, West House, UK.

9. Gee, Y. Chuck, 1988, *Resort Development and management* Educational Institute of the American Hotel & Motel Association pp. 127-128; 445-451

10. Gee, Y. Chuck, 1993, *Resort Development. 1993 for Taiwan*

11. Gee, Y. C., Makens, C. J., & Choy, J. L. O., 1997, *The Travel Industry.* 3rd Edition Van Nostrand Reinhold ITP pp.134-135; 146-149

12. Goodale, L. Thomas &Witt, A. Peter, 1991, *Recreation and Leisure: Issues in An Era of Change.* 3rd Edition Venture Publishing, Inc. PA USA.

13. Gunn, A. Clare, 1997, *Vacationscape: Developing tourist areas.* 3rd Edition Taylor & Francis PA USA pp.31-32 ; 59-60.

14. Haywood, Les, 1995, *Community Leisure and Recreation; Theory and Practice.* 2nd edit. Butterworth-Heinemann Ltd.

15. Mathieson, Alister & Wall, Geoffrey, 1986, Tourism: economic, physical, and social impacts. Reprinted Longman Group Limited Inc. NY

16. O'Sullivan, L. Ellen, 1991, *Marketing for Parks, Recreation, and Leisure.* Venture Publishing, Inc. PA USA.

休閒與流行文化

17. O'Sullivan, L. Ellen & Spangler, J. Kathy, 1998, *Experience Marketing: Strategies for the New Millennium.* Venture Publishing, Inc. PA USA.

18. Pearce, Douglas, 1995, *Tourist Development.* 2nd Edition Longman Group Limited, West House, UK.

19. Phillips, L. Patrick, 1995, *Developing with Recreational Amenities: golf, Tennis, Skiing, Marinas* ULI--the Urban Land Institute Washington, D.C.

20. Russell, V. Ruth, 1996, Pastimes: The Context of Contemporary Leisure. Browm & benchmark Publishers. USA

21. Sawyer, H. Tomas and Smith, Owen, 1999, *The Management of Clubs, Recreation and Sport: concepts and Applications* Sagamore Publishing IL USA

22. Seabrooke, W. and Miles, C. W. N.,1993, *Recreational Land Management.* 2nd edit. E & FN Spon UK

23. Sharpe, W. G., Odegaard, H. C. & Sharpe, F. W. 1983 Park Management John Wiley & Sons, Inc.

24. Sharpe, W. G., Odegaard, H. C. & Sharpe, F. W. 1994 A Comprehensive Introduction to Park Management 2nd Edition John Wiley & Sons, Inc.

25. Shiner, W. J. 1986 Park Ranger Handbook. Revised Edition Slippery Rock University. Venture Publishing Inc. PA USA

26. Stevens, Laurence, 1988, Y*our Career in Travel, Tourism, and Hospitality.* 6th Edition Delmar Publishing Inc. Albany NY

27. Swarbrooke, John & Horner Susan, 1999, *Consumer Behaviour in Tourism.* Butterworth-Heinemann MA USA

28. Torkildsen, George,1992, *Leisure and Recreation Management* 3rd Edition E &FN Spon London UK

參考文獻

Note

Note

國家圖書館出版品預行編目資料

休閒與流行文化／楊知義著. ――初版. ――
臺北市：五南圖書出版股份有限公司，
2022.09　面；　公分
ISBN 978-626-317-671-3（平裝）

1.高等教育　2.通識教育　3.休閒活動
4.流行文化

525.33　　　　　　　　　111002505

1LAY 休閒系列

休閒與流行文化

作　　　者 ―	楊知義
發 行 人 ―	楊榮川
總 經 理 ―	楊士清
總 編 輯 ―	楊秀麗
副總編輯 ―	黃惠娟
責任編輯 ―	羅國蓮
封面設計 ―	姚孝慈
出 版 者 ―	五南圖書出版股份有限公司

地　　　址：106台北市大安區和平東路二段339號4樓

電　　　話：(02)2705-5066　　傳　　真：(02)2706-6100

網　　　址：https://www.wunan.com.tw

電子郵件：wunan@wunan.com.tw

劃撥帳號：01068953

戶　　　名：五南圖書出版股份有限公司

法律顧問　林勝安律師事務所　林勝安律師

出版日期　2022年9月初版一刷

定　　　價　新臺幣410元

經典永恆・名著常在

五十週年的獻禮 —— 經典名著文庫

五南，五十年了，半個世紀，人生旅程的一大半，走過來了。
思索著，邁向百年的未來歷程，能為知識界、文化學術界作些什麼？
在速食文化的生態下，有什麼值得讓人雋永品味的？

歷代經典・當今名著，經過時間的洗禮，千錘百鍊，流傳至今，光芒耀人；
不僅使我們能領悟前人的智慧，同時也增深加廣我們思考的深度與視野。
我們決心投入巨資，有計畫的系統梳選，成立「經典名著文庫」，
希望收入古今中外思想性的、充滿睿智與獨見的經典、名著。
這是一項理想性的、永續性的巨大出版工程。
不在意讀者的眾寡，只考慮它的學術價值，力求完整展現先哲思想的軌跡；
為知識界開啟一片智慧之窗，營造一座百花綻放的世界文明公園，
任君遨遊、取菁吸蜜、嘉惠學子！